Karl Marx

Das Kapital
Band 1-3

~ Die Ausbeutung der Arbeiterklasse ~

in
einfachen Worten
zusammengefasst

Inhaltsverzeichnis

Band 1

Vorwort

Mit großer Freude und Ehrfurcht präsentiere ich Ihnen das Werk "Das Kapital" von Karl Marx. Dieses umfangreiche Werk, bestehend aus drei Bänden, untersucht die kapitalistische Gesellschaft und ihre Widersprüche in ihrer tiefsten und umfassendsten Form. Die Veröffentlichung dieser Schrift im Jahr 1867 markierte einen Meilenstein in der Geschichte der politischen Ökonomie und der sozialen Theorie.

Marx, einer der einflussreichsten Denker des 19. Jahrhunderts, legt in "Das Kapital" seine grundlegende Theorie des Kapitalismus dar. Er analysiert die kapitalistische Produktionsweise, ihre Entstehung, ihre Struktur und ihre inhärenten Widersprüche. Dabei richtet er sein Augenmerk auf die Ausbeutung der Arbeiterklasse, die Entfremdung des Menschen von seiner Arbeit und die Konzentration des Reichtums in den Händen weniger Kapitalisten.

Im ersten Band von "Das Kapital" widmet sich Marx vor allem der Analyse des Produktionsprozesses des Kapitals. Er untersucht den Warencharakter, den Tauschwert, den Gebrauchswert und die Produktion von Mehrwert. Marx deckt die Mechanismen der kapitalistischen Produktion auf und enthüllt die Ausbeutung der Arbeiterklasse durch den Kapitalbesitz.

Im zweiten Band von "Das Kapital" führt Marx seine Analyse fort und widmet sich vor allem dem Zirkulationsprozess des Kapitals. Er untersucht die verschiedenen Phasen des kapitalistischen Kreislaufs, wie Geldkapital, Warenkapital und Produktionskapital. Marx analysiert die Konkurrenz zwischen den Kapitalisten, die Bildung von Monopolen und die Rolle des Kreditsystems. Dabei zeigt er die zerstörerischen Auswirkungen des kapitalistischen Systems auf die Gesellschaft und die Natur auf.

Der dritte Band von "Das Kapital" bildet den Höhepunkt von Marx' Werk. Hier beschäftigt er sich mit der kapitalistischen Produktionsweise als Ganzes. Er analysiert die Tendenz zur Kapitalakkumulation, die Konzentration und Zentralisation des

Kapitals und die Rolle des Staates im Kapitalismus. Marx entwirft eine Vision von der Möglichkeit des Übergangs zu einer sozialistischen Gesellschaft, in der die Produktionsmittel in Gemeineigentum überführt werden und die Ausbeutung der Arbeiterklasse beendet wird.

"Das Kapital" ist ein Werk von außerordentlicher intellektueller Schärfe und analytischer Genauigkeit. Es ist ein Aufruf zur Kritik und Veränderung einer Gesellschaftsordnung, die auf Ausbeutung und Ungerechtigkeit beruht. Marx' Werk hat Generationen von Denkern, Aktivisten und Wissenschaftlern inspiriert und bleibt bis heute von großer Bedeutung für die Auseinandersetzung mit den sozialen und ökonomischen Problemen unserer Zeit.

Mit "Das Kapital" hat Karl Marx ein monumentales Werk geschaffen, das weit über seine Zeit hinausreicht. Es ist eine kritische Untersuchung des kapitalistischen Systems, die zum Nachdenken anregt und eine Grundlage für die Suche nach einer gerechteren Gesellschaft bildet. Die Lektüre dieser Bücher erfordert Geduld, Konzentration und eine offene Denkweise. Es ist meine Hoffnung, dass dieses Werk Ihnen neue Erkenntnisse und Perspektiven eröffnet und zum Nachdenken und Handeln anregt.

Die Ware

In diesem Kapitel untersucht Marx die grundlegende Einheit der kapitalistischen Gesellschaft, nämlich die Ware.

Marx beginnt damit, die Ware als eine spezifische Form des Produkts der kapitalistischen Produktion zu definieren. Er erklärt, dass die Ware eine Doppelnatur hat: Sie besitzt einen Gebrauchswert, der die Fähigkeit einer Ware darstellt, Bedürfnisse zu befriedigen, und einen Tauschwert, der die relative Wertgröße einer Ware im Verhältnis zu anderen Waren darstellt.

Marx betont, dass der Wert einer Ware auf der abstrakten menschlichen Arbeit beruht, die in sie investiert wurde. Diese abstrakte Arbeit ist die gesellschaftlich notwendige Durchschnittsarbeit, die benötigt wird, um eine Ware herzustellen. Der Wert einer Ware wird durch die gesellschaftliche Durchschnittsarbeit bestimmt, die in sie eingeflossen ist.

Marx erklärt, dass der Tauschwert einer Ware durch den Austauschprozess auf dem Markt bestimmt wird. Durch den Vergleich der Werte verschiedener Waren können diese miteinander ausgetauscht werden. Der Austauschwert oder Preis einer Ware wird durch das Verhältnis von Angebot und Nachfrage auf dem Markt bestimmt.

Marx betont, dass die kapitalistische Gesellschaft von der Produktion und dem Austausch von Waren geprägt ist. Die Warenproduktion ist ein zentrales Merkmal des Kapitalismus, da die Produzenten ihre Waren auf dem Markt verkaufen müssen, um Einkommen zu erzielen.

Des Weiteren diskutiert Marx den Begriff des Gebrauchswerts. Er erklärt, dass der Gebrauchswert einer Ware nicht von ihrem Tauschwert abhängig ist. Die Bedürfnisse und Vorlieben der Menschen bestimmen den Gebrauchswert einer Ware, während der Tauschwert auf gesellschaftlichen Verhältnissen beruht.

Marx betont auch die Rolle des Geldes als allgemeines Äquivalent in der Warenwirtschaft. Geld ermöglicht den Austausch von Waren, da es als allgemein anerkanntes Tauschmittel fungiert. Geld erleichtert den Vergleich und die Bewertung von Werten und ermöglicht den Handel zwischen unterschiedlichen Waren.

Das Kapitel "Die Ware" in "Das Kapital" von Karl Marx legt die Grundlagen für das Verständnis des kapitalistischen Systems. Marx untersucht die Doppelnatur der Ware und erklärt den Wert, den Tauschwert und den Gebrauchswert einer Ware. Er zeigt auf, wie die Warenproduktion und der Austausch von Waren das Fundament der kapitalistischen Gesellschaft bilden. Die Analyse des Kapitels bietet einen Einblick in die Dynamik des Kapitalismus und wirft wichtige Fragen zur Produktion, zum Austausch und zur sozialen Struktur auf.

Der Austauschprozeß
In diesem Kapitel untersucht Marx den Prozess des Warenaustauschs in der kapitalistischen Gesellschaft.

Marx beginnt mit der Untersuchung des einfachen Warenaustauschs, bei dem zwei Warenbesitzer ihre Waren direkt miteinander tauschen. Er erklärt, dass der Wertverhältnis, zu dem die Waren ausgetauscht werden, auf der Menge abstrakter Arbeit basiert, die in jede Ware eingeflossen ist. Marx betont, dass der Wert einer Ware nicht durch ihre individuelle Nützlichkeit bestimmt wird, sondern durch die gesellschaftlich notwendige Arbeitszeit, die in sie investiert wurde.

Marx diskutiert auch den Wertausdruck, der durch das Tauschverhältnis zwischen verschiedenen Waren dargestellt wird. Er führt den Wertausdruck in Form von Geld ein, das als allgemeines Äquivalent fungiert und den Austausch von Waren erleichtert. Geld ermöglicht es den Warenbesitzern, ihre Waren in Geld umzuwandeln und dieses dann wieder in andere Waren zu tauschen.

Marx untersucht auch den erweiterten Warenaustausch, bei dem mehrere Warenbesitzer ihre Waren auf einem Markt austauschen. Er erklärt, dass der Markt die Preise der Waren bestimmt, basierend auf Angebot und Nachfrage. Marx betont, dass die Preise von Angebot und Nachfrage abweichen können und dass diese Abweichungen zu Ungleichheiten und Krisen führen können.

Des Weiteren untersucht Marx den Begriff des relativen und absoluten Mehrwerts im Austauschprozess. Der relative Mehrwert entsteht, wenn die Arbeitsproduktivität steigt und die Arbeitszeit, die benötigt wird, um den Wert der Arbeitskraft zu reproduzieren, abnimmt. Der absolute Mehrwert entsteht durch die Verlängerung des Arbeitstages und die Ausbeutung der Arbeitskraft über das notwendige Maß hinaus.

Marx betont, dass der Warenaustausch in der kapitalistischen Gesellschaft zu einer Ausbeutung der Arbeitskraft führt. Die Kapitalistenklasse profitiert von der Ausbeutung des Mehrwerts, während die Arbeiterklasse gezwungen ist, ihre Arbeitskraft zu verkaufen und unter den Bedingungen des Kapitalismus zu arbeiten.

Das Kapitel "Der Austauschprozeß" in "Das Kapital" von Karl Marx bietet eine detaillierte Analyse des Warenaustauschs und der damit verbundenen Fragen von Wert, Geld und Ausbeutung. Marx zeigt auf, wie der Wert einer Ware durch die in sie investierte Arbeitszeit bestimmt wird und wie der Austausch von Waren auf dem Markt funktioniert. Die Analyse des Kapitels wirft wichtige Fragen zur sozialen Struktur, zur Machtverteilung und zur Ausbeutung im kapitalistischen System auf.

Das Geld und die Warenzirkulation

Das Kapitel "Das Geld und die Warenzirkulation" ist das dritte Kapitel des ersten Bandes von "Das Kapital" von Karl Marx. In diesem Kapitel untersucht Marx die Rolle des Geldes in der kapitalistischen Gesellschaft und die Dynamik der Warenzirkulation.

Marx beginnt mit der Analyse der Funktionen des Geldes. Er erklärt, dass Geld als allgemeines Äquivalent fungiert, das den Wert von Waren repräsentiert und den Austausch von Waren erleichtert. Geld wird zum Maßstab für den Wert von Waren und ermöglicht es den Menschen, ihre Waren in Geld umzuwandeln und dieses wiederum in andere Waren zu tauschen.

Marx betont, dass die gesellschaftliche Anerkennung des Geldes als allgemeines Äquivalent auf Vertrauen beruht. Die Menschen vertrauen darauf, dass Geld als Tauschmittel akzeptiert wird und den Wert ihrer Waren darstellt. Geld wird zur allgemeinen Form des Reichtums und zur universellen Ware, die gegen jede andere Ware ausgetauscht werden kann.

Marx diskutiert auch den Prozess der Warenzirkulation, bei dem Waren gekauft und verkauft werden. Er beschreibt den einfachen Warenkreislauf, bei dem eine Ware gegen Geld verkauft wird und das Geld dann wieder in eine andere Ware investiert wird. Dieser Kreislauf wiederholt sich ständig und ermöglicht es den Warenbesitzern, ihren Reichtum zu vermehren.

Marx unterscheidet zwischen der zufälligen oder gelegentlichen Zirkulation von Waren und der zyklischen oder periodischen Zirkulation. Er erklärt, dass die periodische Zirkulation auf den Bedürfnissen des kapitalistischen Produktionsprozesses basiert. Die Kapitalistenklasse investiert Geld in die Produktion von Waren, die dann verkauft werden, um Profit zu erzielen. Dieser Profit wird wiederum in den Produktionsprozess reinvestiert, um den Kapitalkreislauf fortzusetzen.

Des Weiteren diskutiert Marx die Rolle des Kredits in der Warenzirkulation. Er erklärt, dass der Kredit als Finanzinstrument genutzt wird, um den Austausch von Waren zu erleichtern und den Kapitalisten zu ermöglichen, ihre Produktion zu erweitern. Marx betont jedoch, dass der Kredit auch zu Krisen und Instabilität führen kann, da er auf der Schuldenlast der Kapitalistenklasse basiert.

Das Kapitel "Das Geld und die Warenzirkulation" in "Das Kapital" von Karl Marx bietet eine umfassende Analyse der Rolle des Geldes und der Warenzirkulation in der kapitalistischen Gesellschaft. Marx zeigt auf, wie Geld als allgemeines Äquivalent fungiert und den Austausch von Waren erleichtert. Er diskutiert auch die Dynamik der Warenzirkulation, den Prozess des Warenkreislaufs und die Bedeutung des Kredits. Die Analyse des Kapitels wirft wichtige Fragen zur Geldökonomie, zum Finanzsystem und zur Stabilität des kapitalistischen Systems auf.

Verwandlung von Geld in Kapital

Das Kapitel "Verwandlung von Geld in Kapital" ist das vierte Kapitel des ersten Bandes von "Das Kapital" von Karl Marx. In diesem Kapitel untersucht Marx den Prozess, wie Geld in Kapital umgewandelt wird und damit die Grundlage für die kapitalistische Produktionsweise geschaffen wird.

Marx beginnt damit, den Begriff des Geldes zu analysieren. Er betont, dass Geld in der kapitalistischen Gesellschaft nicht nur ein Tauschmittel ist, sondern eine spezifische gesellschaftliche Form des Reichtums darstellt. Geld besitzt die Fähigkeit, sich selbst zu vermehren, und wird daher zum Ausgangspunkt für die Kapitalakkumulation.

Weiterhin geht Marx auf den Begriff des Warenbesitzes ein und erklärt, dass der Warenbesitzer seine Ware auf dem Markt gegen Geld tauscht, um seinen Bedarf zu decken. Marx betont jedoch, dass die Kapitalistenklasse eine spezifische Funktion hat, nämlich den Warenbesitz nicht für den Konsum zu nutzen, sondern um Profit zu erzielen. Der Kapitalist investiert sein Geld in den Kauf von Produktionsmitteln und Arbeitskraft, um Waren herzustellen, die auf dem Markt verkauft werden.

Marx beschreibt den Prozess der Kapitalzirkulation, bei dem das Geld als Kapital fungiert. Das Kapital wird eingesetzt, um Produktionsmittel und Arbeitskraft zu erwerben, um Waren herzustellen. Diese Waren werden dann auf dem Markt verkauft, und das Kapital wird in Form von Geld plus Mehrwert, also Profit, zurückgewonnen. Dieser Prozess wird als Geld-Kreislauf oder als Verwandlung von Geld in Kapital bezeichnet.

Der entscheidende Aspekt dieses Prozesses ist die Ausbeutung der Arbeitskraft. Der Kapitalist kauft die Arbeitskraft der Arbeiterklasse und setzt sie in der Produktion ein, um Mehrwert zu schaffen. Der Mehrwert entsteht durch den Unterschied zwischen dem Wert, den die Arbeitskraft auf dem Arbeitsmarkt hat, und dem Wert, den sie in der Produktion schafft. Dieser Mehrwert wird vom Kapitalisten angeeignet und als Profit akkumuliert.

Marx betont, dass der Prozess der Verwandlung von Geld in Kapital auf der Ausbeutung der Arbeitskraft basiert und eine grundlegende Voraussetzung für die kapitalistische Produktionsweise ist. Er kritisiert auch die kapitalistische Ausbeutung und argumentiert, dass die Mehrarbeit der Arbeiterklasse nicht angemessen entlohnt wird, während der Kapitalist davon profitiert.

Das Kapitel "Verwandlung von Geld in Kapital" in "Das Kapital" von Karl Marx analysiert den entscheidenden Prozess, wie Geld in Kapital umgewandelt wird und die Grundlage für die kapitalistische Produktionsweise bildet. Es verdeutlicht die zentrale Rolle der Ausbeutung der Arbeitskraft und der Akkumulation von Mehrwert und Profit für das kapitalistische System.

Arbeitsprozeß und Verwertungsprozeß
Das fünfte Kapitel des ersten Bandes von "Das Kapital" von Karl Marx trägt den Titel "Arbeitsprozess und Verwertungsprozess". In diesem Kapitel untersucht Marx den Prozess der Produktion von Waren und den Zusammenhang zwischen dem Arbeitsprozess und dem Verwertungsprozess.

Marx betont, dass der Arbeitsprozess die Grundlage der Warenproduktion ist. Er beschreibt den Arbeitsprozess als einen Prozess, bei dem menschliche Arbeit genutzt wird, um die Produktionsmittel zu transformieren und einen Gebrauchswert zu schaffen. Durch die Anwendung von Arbeit entsteht ein neuer Gebrauchswert, der den Bedürfnissen der Gesellschaft dient.

Im weiteren Verlauf des Kapitels analysiert Marx den spezifischen Charakter der Arbeit in der kapitalistischen Produktionsweise. Er erklärt, dass die Arbeit unter kapitalistischen Bedingungen nicht nur als Mittel zur Befriedigung der menschlichen Bedürfnisse betrachtet wird, sondern primär als Quelle des Werts und des Mehrwerts. Die Arbeit wird zu einer Ware, die auf dem Arbeitsmarkt gekauft und verkauft wird.

Marx unterscheidet zwischen produktiver Arbeit und unproduktiver Arbeit. Produktive Arbeit ist diejenige, die zur Wertschöpfung beiträgt, während unproduktive Arbeit keine neuen Werte schafft, sondern lediglich vorhandene Werte umverteilt. Marx betont, dass in der kapitalistischen Produktionsweise die produktive Arbeit, die zur Mehrwertproduktion beiträgt, von zentraler Bedeutung ist.

Im Verwertungsprozess wird der geschaffene Wert in Kapital umgewandelt. Marx erklärt, dass der Verwertungsprozess die Ausbeutung der Arbeitskraft durch den Kapitalisten beinhaltet. Die Arbeiter produzieren mehr Wert, als sie als Lohn erhalten, und dieser Mehrwert wird vom Kapitalisten angeeignet. Dieser Prozess der Mehrwertaneignung bildet die Grundlage für die kapitalistische Akkumulation und die Steigerung des Kapitals.

Marx diskutiert auch die Rolle der technologischen Entwicklung im Arbeitsprozess. Er erklärt, dass die kapitalistische Produktionsweise ständig bestrebt ist, die Produktivität der Arbeit zu steigern, um den Mehrwert zu erhöhen. Die Einführung neuer Technologien und Maschinen ermöglicht es dem Kapitalisten, die Arbeitskraft effizienter auszubeuten und den Arbeitsprozess zu intensivieren.

Das Kapitel "Arbeitsprozess und Verwertungsprozess" in "Das Kapital" von Karl Marx bietet eine umfassende Analyse der Rolle der Arbeit in der kapitalistischen Produktionsweise. Es verdeutlicht die Ausbeutung der Arbeitskraft und den Prozess der Mehrwertaneignung durch den Kapitalisten. Marx zeigt die Dynamik des Arbeitsprozesses und seine Verbindung zum Verwertungsprozess auf, die den Grundstein für die kapitalistische Akkumulation legen.

Konstantes Kapital und variables Kapital

In diesem Kapitel analysiert Marx die Zusammensetzung des Kapitals in der kapitalistischen Produktionsweise und unterscheidet zwischen zwei verschiedenen Komponenten: konstantes Kapital und variables Kapital.

Marx definiert zunächst das Kapital als eine bestimmte gesellschaftliche Form des Reichtums, die in der kapitalistischen Gesellschaft eine zentrale Rolle spielt. Er betont, dass das Kapital in Produktionsmitteln, wie Maschinen und Rohstoffen, sowie in der Arbeitskraft der Arbeiterklasse angelegt wird.

Konstantes Kapital bezieht sich auf den Teil des Kapitals, der in die Produktionsmittel investiert wird. Es umfasst Maschinen, Gebäude, Rohstoffe und andere Materialien, die für die Produktion von Waren benötigt werden. Das konstante Kapital trägt nicht direkt zur Mehrwertproduktion bei, sondern dient vielmehr als Mittel zur Schaffung von Gebrauchswerten.

Variables Kapital hingegen bezieht sich auf den Teil des Kapitals, der für die Bezahlung der Arbeitskraft verwendet wird. Die Arbeitskraft der Arbeiterklasse ist die Quelle der Wertschöpfung und des Mehrwerts. Durch den Einsatz ihrer Arbeitskraft erzeugen die Arbeiter einen Mehrwert, der über den Wert ihres Lohns hinausgeht.

Marx betont, dass die Unterscheidung zwischen konstantem Kapital und variables Kapital von entscheidender Bedeutung ist, um das Wesen der kapitalistischen Produktionsweise zu verstehen. Das konstante Kapital dient als "totes Kapital", das in den

Produktionsprozess eingebracht wird, während das variable Kapital die lebendige Arbeitskraft der Arbeiterklasse repräsentiert.

Die Kapitalistenklasse strebt danach, den Anteil des konstanten Kapitals zu erhöhen, um die Produktivität der Arbeit zu steigern und die Mehrwertproduktion zu maximieren. Dies geschieht durch den Einsatz von Technologie und Maschinen, um die Arbeitskraft effizienter auszubeuten.

Marx betont auch, dass das Verhältnis zwischen konstantem Kapital und variables Kapital nicht statisch ist, sondern von den jeweiligen historischen Bedingungen und den spezifischen Branchen abhängt. In einigen Branchen kann das konstante Kapital überwiegen, während in anderen das variables Kapital dominanter ist.

Das Kapitel "Konstantes Kapital und variables Kapital" in "Das Kapital" von Karl Marx liefert eine wichtige Analyse der Struktur des Kapitals in der kapitalistischen Produktionsweise. Es verdeutlicht die Unterscheidung zwischen den beiden Komponenten und ihre Bedeutung für die Schaffung von Mehrwert und die Ausbeutung der Arbeitskraft. Die Analyse von Marx trägt dazu bei, die Dynamik des kapitalistischen Produktionsprozesses zu verstehen und die grundlegenden Mechanismen des Kapitalismus zu durchdringen.

Die Rate des Mehrwerts
In diesem Kapitel setzt Marx seine Untersuchung des Mehrwerts fort und analysiert die Rate des Mehrwerts, also das Verhältnis zwischen dem Mehrwert und dem variablen Kapital.

Marx beginnt damit, zu erklären, dass die Rate des Mehrwerts das zentrale Maß für die Ausbeutung der Arbeitskraft ist. Sie gibt an, welcher Anteil des Arbeitswerts über den Wert des Lohns hinaus vom Kapitalisten angeeignet wird. Die Rate des Mehrwerts ist daher ein entscheidender Indikator für die Profitabilität des Kapitals.

Marx zeigt auf, dass die Rate des Mehrwerts durch verschiedene Faktoren beeinflusst wird. Zum einen spielt die Länge des Arbeitstages eine entscheidende Rolle. Je länger die Arbeiterinnen und Arbeiter arbeiten, desto mehr Mehrwert wird produziert und desto höher ist die Rate des Mehrwerts. Marx kritisiert die Praxis der Kapitalisten, den Arbeitstag übermäßig zu verlängern, um die Profite zu steigern.

Ein weiterer Faktor, der die Rate des Mehrwerts beeinflusst, ist die Intensität der Arbeit. Marx erklärt, dass eine höhere Intensität der Arbeit dazu führt, dass in einer gegebenen Arbeitszeit mehr Wert produziert wird. Die Kapitalisten versuchen daher, die Arbeitskraft der Arbeiter so effizient wie möglich auszubeuten, um die Rate des Mehrwerts zu erhöhen.

Marx betont auch, dass die Rate des Mehrwerts in direktem Zusammenhang mit der Produktivität der Arbeit steht. Durch den Einsatz von Technologie und Maschinen können die Kapitalisten die Produktivität der Arbeit steigern und somit den Mehrwert pro Arbeitsstunde erhöhen. Dies führt zu einer höheren Rate des Mehrwerts und damit zu höheren Profiten.

Darüber hinaus diskutiert Marx den Einfluss von Arbeitsorganisation und -disziplin auf die Rate des Mehrwerts. Eine disziplinierte und effiziente Arbeitsorganisation ermöglicht es den Kapitalisten, die Arbeitskraft optimal zu nutzen und die Rate des Mehrwerts zu maximieren.

Marx kritisiert die Ausbeutung der Arbeitskraft und betont, dass die Steigerung der Profite auf Kosten der Arbeiterinnen und Arbeiter geschieht. Er argumentiert, dass die kapitalistische Produktionsweise darauf abzielt, den Mehrwert zu maximieren, indem die Ausbeutung der Arbeitskraft ausgeweitet wird.

Das Kapitel "Die Rate des Mehrwerts" in "Das Kapital" von Karl Marx bietet eine detaillierte Analyse der Ausbeutung der Arbeitskraft und der Faktoren, die die Rate des Mehrwerts beeinflussen. Marx deckt die Mechanismen der kapitalistischen Profitbildung auf und zeigt die fundamentalen Widersprüche des Kapitalismus auf, die auf der Ausbeutung der Arbeit beruhen. Die Analyse des Kapitels trägt dazu bei, das Verständnis des kapitalistischen Produktionsprozesses zu vertiefen und die sozialen und wirtschaftlichen Strukturen des Kapitalismus zu kritisieren.

Der Arbeitstag

In diesem Kapitel untersucht Marx die Frage der Arbeitszeit und analysiert den Arbeitstag in der kapitalistischen Produktionsweise.

Marx beginnt damit, zu erklären, dass der Arbeitstag in der kapitalistischen Gesellschaft in zwei Teile unterteilt ist: den notwendigen Arbeitsanteil und den Mehrarbeitsanteil. Der notwendige Arbeitsanteil ist die Zeit, die benötigt wird, um den Wert der Arbeitskraft zu reproduzieren, d.h. den Lohn zu verdienen. Der Mehrarbeitsanteil hingegen ist die zusätzliche Arbeitszeit, die über den notwendigen Arbeitsanteil hinausgeht und Mehrwert für den Kapitalisten schafft.

Marx kritisiert die Praxis der Kapitalisten, den Arbeitstag übermäßig zu verlängern, um den Mehrwert und damit ihre Profite zu steigern. Er argumentiert, dass die Ausdehnung des Arbeitstages über das notwendige Maß hinaus eine Form der Ausbeutung der Arbeitskraft darstellt und die Gesundheit und das Wohlbefinden der Arbeiterinnen und Arbeiter beeinträchtigt.

Marx analysiert auch den Kampf zwischen Kapitalisten und Arbeitern um die Länge des Arbeitstages. Die Kapitalistenklasse strebt danach, den Arbeitstag zu verlängern, während die Arbeiterklasse für verkürzte Arbeitszeiten kämpft, um mehr Freizeit und bessere Lebensbedingungen zu erreichen.

Marx argumentiert, dass die Verkürzung des Arbeitstages ein zentraler Bestandteil des Klassenkampfes ist. Die Arbeiterinnen und Arbeiter müssen sich organisieren und für ihre Rechte kämpfen, um die Ausbeutung der Arbeitskraft einzuschränken und ihre Lebensbedingungen zu verbessern.

Darüber hinaus diskutiert Marx die Auswirkungen des Maschineneinsatzes auf die Arbeitszeit. Er stellt fest, dass die Produktivität der Arbeit durch den Einsatz von Maschinen gesteigert werden kann. Dies würde es theoretisch ermöglichen, die Arbeitszeit zu verkürzen und dennoch den gleichen Output zu erzielen. Allerdings zeigt Marx, dass in der kapitalistischen Produktionsweise die Produktivitätssteigerung oft dazu verwendet wird, die Arbeitszeit zu verlängern und den Mehrwert zu erhöhen.

Marx argumentiert, dass die Kontrolle über die Arbeitszeit ein zentraler Aspekt der Kapitalakkumulation ist. Die Kapitalistenklasse versucht, die Arbeitszeit zu maximieren und die Arbeitnehmerinnen und Arbeitnehmer zu zwingen, länger zu arbeiten, um die Profite zu steigern.

Das Kapitel "Der Arbeitstag" in "Das Kapital" von Karl Marx bietet eine umfassende Analyse der Arbeitszeit in der kapitalistischen Produktionsweise. Marx kritisiert die Ausbeutung der Arbeitskraft durch die Ausdehnung des Arbeitstages und betont die Bedeutung des Kampfes der Arbeiterklasse für verkürzte Arbeitszeiten. Die Analyse des Kapitels wirft wichtige Fragen zur Arbeitszeitregulierung, zur Machtverteilung zwischen Kapital und Arbeit sowie zur sozialen Gerechtigkeit im kapitalistischen System auf.

Rate und Masse des Mehrwerts

Das Kapitel "Rate und Masse des Mehrwerts" ist ein zentraler Abschnitt in Karl Marx' Werk "Das Kapital". Hier untersucht Marx detailliert die Frage, wie sich der Mehrwert im kapitalistischen Produktionsprozess sowohl in quantitativer als auch in qualitativer Hinsicht entwickelt.

Marx beginnt das Kapitel damit, den Begriff des Mehrwerts zu definieren. Der Mehrwert ist der Teil des Produkts, der über den Wert der eingesetzten Produktionsmittel hinausgeht. Er entsteht durch die Ausbeutung der Arbeitskraft, indem die Arbeiterinnen und Arbeiter mehr Wert schaffen, als sie als Lohn erhalten. Marx betont, dass der Mehrwert nicht aus dem Austausch von Waren entsteht, sondern aus der lebendigen Arbeit.

Um die Rate und Masse des Mehrwerts zu bestimmen, untersucht Marx die verschiedenen Faktoren, die sie beeinflussen. Die Rate des Mehrwerts bezieht sich auf das Verhältnis zwischen dem Mehrwert und dem variablen Kapital, das für die Lohnzahlungen verwendet wird. Marx zeigt auf, dass die Kapitalisten bestrebt sind, die Rate des Mehrwerts zu maximieren, indem sie die Arbeitszeit verlängern oder die Löhne senken. Dadurch steigt der Anteil des Mehrwerts am gesamten Produktionsprozess.

Die Masse des Mehrwerts bezieht sich auf die absolute Größe des Mehrwerts, die von der Ausdehnung des Arbeitsprozesses und der Anzahl der beschäftigten Arbeiterinnen und Arbeiter abhängt. Marx erklärt, dass die Masse des Mehrwerts sowohl von der Intensität der Arbeit als auch von der Größe der Arbeiterklasse beeinflusst wird. Je länger die Arbeitszeit ist und je mehr Arbeiterinnen und Arbeiter beschäftigt sind, desto größer ist die Masse des Mehrwerts.

Marx betont auch, dass die Rate und Masse des Mehrwerts eng miteinander verbunden sind. Eine hohe Rate des Mehrwerts kann zu einer niedrigen Masse führen, wenn die beschäftigte Arbeitskraft begrenzt ist. Umgekehrt kann eine niedrige Rate des Mehrwerts zu einer hohen Masse führen, wenn die Beschäftigung von Arbeiterinnen und Arbeitern stark zunimmt.

Im weiteren Verlauf des Kapitels analysiert Marx die Auswirkungen der Steigerung von Rate und Masse des Mehrwerts auf die Kapitalakkumulation und die Klassengegensätze. Er argumentiert, dass eine steigende Rate des Mehrwerts zu einer stärkeren Ausbeutung der Arbeiterklasse und zu einer Konzentration des Reichtums in den Händen der Kapitalisten führt. Dies verstärkt die soziale Ungleichheit und den Klassenkampf.

Das Kapitel "Rate und Masse des Mehrwerts" ist von großer Bedeutung, da es die ökonomischen Mechanismen des kapitalistischen Systems beleuchtet und die grundlegenden Widersprüche zwischen Kapital und Arbeit aufzeigt. Marx argumentiert, dass der Mehrwert und seine Ausbeutung der Arbeitskraft die Grundlage des Kapitalismus sind und dass die Abschaffung des Mehrwerts notwendig ist, um eine gerechtere Gesellschaft zu schaffen.

Begriff des relativen Mehrwerts

Das Kapitel "Begriff des relativen Mehrwerts" aus Karl Marx' Werk "Das Kapital" ist ein zentrales Kapitel, in dem Marx die Entwicklung des Mehrwerts im Rahmen des kapitalistischen Produktionsprozesses untersucht. Dabei konzentriert er sich insbesondere auf den relativen Mehrwert, der sich aus der Steigerung der Produktivität der Arbeit ergibt.

Marx beginnt das Kapitel damit, den Unterschied zwischen absolutem und relativem Mehrwert zu erläutern. Der absolute Mehrwert entsteht durch die Verlängerung der Arbeitszeit, während der relative Mehrwert durch die Steigerung der Produktivität der Arbeit gewonnen wird. Marx betont, dass der relative Mehrwert eine entscheidende Rolle in der Entwicklung des Kapitalismus spielt, da er die Grundlage für die Ausdehnung des Kapitals und die Akkumulation von Reichtum bildet.

Um den relativen Mehrwert zu analysieren, untersucht Marx die verschiedenen Methoden der Steigerung der Produktivität der Arbeit. Er beleuchtet insbesondere die drei Hauptwege, auf denen dies erreicht wird: die Zusammenfassung vieler Arbeitsprozesse in einem, die Verwendung von Maschinerie und die Arbeitsteilung. Durch diese Methoden kann eine größere Menge an Waren in kürzerer Zeit produziert werden, was zu einem Anstieg des relativen Mehrwerts führt.

Marx argumentiert, dass die Steigerung der Produktivität der Arbeit dazu führt, dass die gesellschaftlich notwendige Arbeitszeit für die

Produktion eines bestimmten Gutes reduziert wird. Dadurch wird der Wert dieses Gutes gesenkt und der Mehrwert, der über den Wert der eingesetzten Produktionsmittel hinausgeht, erhöht. Diese Steigerung des relativen Mehrwerts ist ein zentrales Merkmal des kapitalistischen Produktionsprozesses.

Ein weiterer wichtiger Aspekt des Kapitels ist Marx' Analyse der Auswirkungen des relativen Mehrwerts auf die Arbeiterklasse. Obwohl die Steigerung der Produktivität der Arbeit zu einer Erhöhung des relativen Mehrwerts führt, stellt Marx fest, dass dies nicht zwangsläufig zu einer Verbesserung der Arbeitsbedingungen und Löhne der Arbeiterinnen und Arbeiter führt. Im Gegenteil, die kapitalistische Logik der Profitmaximierung führt oft dazu, dass die Einsparungen durch die Steigerung der Produktivität in Form von niedrigeren Löhnen und verschlechterten Arbeitsbedingungen an die Arbeiterklasse weitergegeben werden.

Das Kapitel "Begriff des relativen Mehrwerts" bietet einen tiefen Einblick in die Mechanismen des kapitalistischen Produktionsprozesses und verdeutlicht die Widersprüche und Ungerechtigkeiten, die mit der Entwicklung des relativen Mehrwerts einhergehen. Marx betont, dass die kapitalistische Ausbeutung der Arbeiterschaft durch die Steigerung des relativen Mehrwerts angetrieben wird und dass die Abschaffung dieses Ausbeutungsverhältnisses eine grundlegende Voraussetzung für eine gerechtere Gesellschaft ist.

Teilung der Arbeit und Manufaktur
Das Kapitel "Teilung der Arbeit und Manufaktur" aus Karl Marx' Werk "Das Kapital" widmet sich der Analyse der historischen Entwicklung der Arbeitsteilung und ihrer Auswirkungen auf den kapitalistischen Produktionsprozess. Marx betrachtet insbesondere die Manufaktur als Vorläuferin der modernen industriellen Produktion und untersucht, wie die Teilung der Arbeit in der Manufaktur den Mehrwert und die kapitalistische Akkumulation beeinflusst.

Marx beginnt das Kapitel damit, den Begriff der Arbeitsteilung zu erläutern und stellt fest, dass die Arbeitsteilung ein charakteristisches Merkmal des kapitalistischen Produktionsprozesses ist. Er erklärt, dass die Arbeitsteilung sowohl in der Gesellschaft als Ganzes als auch innerhalb eines Produktionsbetriebes existiert. In der Manufaktur wird die Arbeit in spezialisierte Teilarbeiten aufgeteilt, die von verschiedenen Arbeiterinnen und Arbeitern ausgeführt werden.

Die Teilung der Arbeit in der Manufaktur ermöglicht eine effizientere Produktion und eine Steigerung der Produktivität. Durch die Spezialisierung und Wiederholung derselben Teilarbeiten können die Arbeiterinnen und Arbeiter schneller und effizienter arbeiten. Dies führt zu einer erhöhten Produktion von Waren und einem Anstieg des Mehrwerts, da in kürzerer Zeit mehr Produkte hergestellt werden können.

Marx weist jedoch darauf hin, dass die Arbeitsteilung in der Manufaktur auch mit negativen Folgen verbunden ist. Einerseits führt die Arbeitsteilung zur Entfremdung der Arbeiterinnen und Arbeiter von ihrer Arbeit, da sie nur noch eine Teilfunktion ausüben und den Gesamtprozess der Produktion nicht mehr verstehen. Andererseits führt die Spezialisierung zu einer Einschränkung des Wissens und der Fähigkeiten der Arbeiterinnen und Arbeiter, da sie nur noch auf eine bestimmte Tätigkeit beschränkt sind.

Darüber hinaus analysiert Marx die Auswirkungen der Teilung der Arbeit auf die Hierarchie innerhalb der Manufaktur. Er stellt fest, dass die Kapitalisten die Kontrolle über den Produktionsprozess behalten und die Arbeiterinnen und Arbeiter zu bloßen ausführenden Kräften werden. Die Teilung der Arbeit schafft eine asymmetrische Machtbeziehung zwischen den Kapitalisten und den Arbeitenden, wodurch die Ausbeutung und Unterdrückung der Arbeitenden verstärkt wird.

Marx betont, dass die Manufaktur nur eine Zwischenstufe in der Entwicklung des kapitalistischen Produktionsprozesses ist und letztendlich durch die modernere Fabrik abgelöst wird. Dennoch zeigt er auf, dass die Teilung der Arbeit eine fundamentale Rolle im Kapitalismus spielt, da sie die Grundlage für die Entstehung von Mehrwert und Kapitalbildung bildet.

Das Kapitel "Teilung der Arbeit und Manufaktur" veranschaulicht, wie die Arbeitsteilung als treibende Kraft des kapitalistischen Produktionsprozesses wirkt. Marx zeigt dabei auf, wie die Teilung der Arbeit zur Steigerung des Mehrwerts führt, aber auch zu Entfremdung, Einschränkung der Fähigkeiten und Ausbeutung der Arbeitenden. Er argumentiert, dass die Überwindung dieser negativen Auswirkungen der Arbeitsteilung eine wesentliche Voraussetzung für die Verwirklichung einer gerechteren Gesellschaft ist.

Maschinerie und große Industrie
Das Kapitel "Maschinerie und große Industrie" widmet sich der Analyse des Einflusses der Maschinerie auf den kapitalistischen Produktionsprozess und die Entwicklung der industriellen Produktion. Marx betrachtet insbesondere die Auswirkungen der Maschinerie auf die Produktivität, die Arbeitsbedingungen und die Machtverhältnisse zwischen Kapital und Arbeit.

Marx beginnt das Kapitel damit, die Bedeutung der Maschinerie als zentrales Element der kapitalistischen Produktionsweise zu betonen. Er erklärt, dass die Maschinerie die menschliche Arbeitskraft durch mechanische Kräfte ersetzt und dadurch die Produktivität der Arbeit steigert. Durch den Einsatz von Maschinen können größere Mengen an Waren in kürzerer Zeit produziert werden, was zu einer erhöhten Akkumulation von Kapital führt.

Marx weist jedoch darauf hin, dass die Einführung von Maschinerie auch negative Auswirkungen hat. Einerseits führt die Maschinerie zur Entwertung der menschlichen Arbeit, da die Fähigkeiten und das Wissen der Arbeiterinnen und Arbeiter weniger relevant werden. Andererseits können Maschinen zu Arbeitsplatzverlusten und zur Verdrängung von Arbeitenden führen, die durch Maschinen ersetzt werden.

Darüber hinaus untersucht Marx die Auswirkungen der Maschinerie auf die Arbeitsbedingungen. Er stellt fest, dass die Arbeit an Maschinen oft monotone und repetitive Tätigkeiten erfordert, die zu einer Entfremdung der Arbeitenden führen können. Die Kontrolle über den Produktionsprozess wird zunehmend in den Händen der Kapitalisten konzentriert, während die Arbeitenden zu bloßen Ausführungskräften werden.

Marx betont, dass die Entwicklung der Maschinerie und der großen Industrie zur Bildung von großen Kapitalgesellschaften führt, die über erhebliche wirtschaftliche und politische Macht verfügen. Die Konzentration des Kapitals in den Händen weniger Unternehmerinnen und Unternehmer verstärkt die Ausbeutung der Arbeitenden und führt zu einer Verschärfung der Klassenunterschiede.

Schließlich weist Marx darauf hin, dass die Maschinerie und die große Industrie ein treibender Faktor des kapitalistischen Produktionsprozesses sind, der zur kontinuierlichen Expansion des Kapitals führt. Gleichzeitig weist er auf die Widersprüche und Konflikte hin, die aus der Einführung von Maschinen resultieren, wie zum Beispiel die Arbeitslosigkeit und die Kämpfe der Arbeitenden um ihre Rechte.

Das Kapitel "Maschinerie und große Industrie" veranschaulicht, wie die Einführung von Maschinen den kapitalistischen Produktionsprozess revolutioniert und die Produktivität der Arbeit erhöht. Gleichzeitig werden jedoch die Arbeitsbedingungen der Arbeitenden beeinträchtigt und die Machtverhältnisse zugunsten der Kapitalisten verschoben. Marx argumentiert, dass die Kontrolle über die Maschinerie und die großen Industrien in den Händen der Arbeiterinnen und Arbeiter liegen sollte, um die Ausbeutung zu verringern und eine gerechtere Gesellschaft zu schaffen.

In diesem Kapitel setzt Marx seine Untersuchung der Auswirkungen der Maschinerie auf die Arbeitsprozesse und die kapitalistische Produktion fort.

Marx analysiert, wie die Einführung von Maschinen und technologischen Innovationen in der großen Industrie zur Steigerung der Produktivität und zur Beschleunigung des Produktionsprozesses führt. Er betont, dass die Maschinerie die Arbeitskraft ersetzt und den Arbeitern die Kontrolle über den Produktionsprozess entzieht. Die Arbeiter werden zu bloßen Bedienern der Maschinen, die von den Kapitalisten kontrolliert werden.

Marx zeigt auch, wie die Maschinerie zu einer Verschärfung der Arbeitsteilung und Spezialisierung führt, wodurch die Arbeit in immer kleinere und spezifischere Aufgaben aufgeteilt wird. Dadurch wird die Arbeit weiter entfremdet und die Arbeiter verlieren den Bezug zur Gesamtheit des Produktionsprozesses.

Des Weiteren untersucht Marx die Auswirkungen der Maschinerie auf die Arbeitsbedingungen und die Arbeitsintensität. Er argumentiert, dass die Beschleunigung des Produktionsprozesses unter dem Diktat der Maschinen zu einer Zunahme der Ausbeutung und Auspressung der Arbeitskraft führt. Die Kapitalisten streben danach, die Arbeitszeit zu maximieren und die Produktivität zu steigern, um den Mehrwert und somit ihre Profite zu erhöhen.

Marx beleuchtet auch die Widersprüche und Krisen, die durch die Entwicklung der Maschinerie entstehen. Einerseits führt die Maschinerie zu einer gesteigerten Produktion und einem Überfluss an Waren, andererseits jedoch auch zu einer Verschärfung der Ausbeutung und einer Zunahme der Arbeitslosigkeit. Dies führt zu sozialen Spannungen und zu einer verstärkten Konkurrenz zwischen den Kapitalisten.

Insgesamt legt Marx in diesem Kapitel dar, dass die Einführung der Maschinerie und die Entwicklung der großen Industrie zum einen die Produktivkräfte der Gesellschaft vorantreiben, aber zum anderen auch zu einer Verschärfung der Ausbeutung und sozialen Ungerechtigkeiten führen. Er betont die zentralen Rolle der Maschinerie im kapitalistischen Produktionsprozess und verdeutlicht ihre Auswirkungen auf die Arbeiterklasse und die Gesellschaft als Ganzes.

Absoluter und relativer Mehrwert

In diesem Kapitel untersucht Marx den Prozess der Produktion von Mehrwert in der kapitalistischen Wirtschaft. Dabei stellt er einen wichtigen Unterschied zwischen dem absoluten Mehrwert und dem relativen Mehrwert heraus.

Der absolute Mehrwert bezieht sich auf die Verlängerung der Arbeitszeit durch den Kapitalisten. Dies geschieht durch die Ausbeutung der Arbeitskraft der Arbeiter über die notwendige Arbeitszeit hinaus. Der Kapitalist versucht, die Arbeitszeit so weit wie möglich auszudehnen, um einen größeren Mehrwert zu erzielen. Marx argumentiert, dass dies jedoch an bestimmte Grenzen stößt, da die Arbeiter nur eine begrenzte Arbeitskraft haben und sich erschöpfen können.

Im Gegensatz dazu bezieht sich der relative Mehrwert auf die Steigerung der Produktivität der Arbeit. Dies geschieht durch den Einsatz von Technologie, Maschinerie und anderen Mitteln, um die Arbeitszeit für die Produktion von Waren zu verkürzen. Durch die Einführung effizienterer Produktionsmethoden kann der Kapitalist die Produktivität der Arbeiter erhöhen und somit den Mehrwert steigern, ohne die Arbeitszeit zu verlängern.

Marx argumentiert, dass die Suche nach relativem Mehrwert ein charakteristisches Merkmal des kapitalistischen Systems ist. Durch den Einsatz von Maschinen und Technologie wird die Arbeitskraft der Arbeiter unterworfen und ihre Fähigkeit, Waren zu produzieren, stark erweitert. Dies führt zu einer ständigen Revolutionierung der Produktionsweise und einer stetigen Suche nach neuen Möglichkeiten, den Mehrwert zu steigern.

Marx betont jedoch auch die Widersprüche des kapitalistischen Systems. Die Suche nach relativen Mehrwert führt zu einer verstärkten Ausbeutung der Arbeiterklasse und zu sozialen Ungleichheiten. Darüber hinaus führt die ständige Einführung neuer Technologien und Produktionsmethoden zu Arbeitsplatzverlusten und zur Entfremdung der Arbeiter von ihren Produkten.

Insgesamt betont Marx in diesem Kapitel die zentrale Rolle des Mehrwerts in der kapitalistischen Wirtschaft und die Auswirkungen von absolutem und relativem Mehrwert auf die Arbeitskraft und die Produktionsbedingungen. Er legt die Grundlage für seine weiteren Analysen des kapitalistischen Systems und der Ausbeutung der Arbeiterklasse.

Größenwechsel von Preis der Arbeitskraft und Mehrwert

Im Kapitel mit dem Titel "Größenwechsel von Preis der Arbeitskraft und Mehrwert", setzt Marx seine Analyse der kapitalistischen Produktion fort. Hier konzentriert er sich auf den Zusammenhang zwischen dem Preis der Arbeitskraft und dem erzeugten Mehrwert.

Marx beginnt mit der Feststellung, dass der Preis der Arbeitskraft von verschiedenen Faktoren abhängt, darunter das Existenzminimum der Arbeiter, das durch ihre Bedürfnisse bestimmt wird. Dieses Existenzminimum umfasst nicht nur die physische Erhaltung der Arbeiter, sondern auch die Reproduktion der Arbeitskraft, um die nächste Generation von Arbeitern zu gewährleisten.

Die Ausbeutung der Arbeitskraft, die zur Produktion von Mehrwert führt, steht im Mittelpunkt von Marx' Analyse. Er argumentiert, dass der Kapitalist einen Teil des Mehrwerts als Profit einbehält, während der Rest als Lohn an die Arbeiter zurückgegeben wird. Der Mehrwert ist das Ergebnis der unbezahlten Mehrarbeit der Arbeiter, die über die notwendige Arbeitszeit hinausgeht.

Marx betont, dass der Kapitalist ein Interesse daran hat, den Preis der Arbeitskraft so niedrig wie möglich zu halten, um den Profit zu maximieren. Dies geschieht durch die Ausbeutung der Arbeitskraft und die Senkung der Löhne. Marx zeigt jedoch auch auf, dass die Löhne nicht ständig fallen können, da die Arbeiterklasse ein Existenzminimum benötigt, um ihre Arbeitskraft zu reproduzieren. Es entsteht ein Klassenkampf zwischen Kapitalisten und Arbeitern um den Preis der Arbeitskraft.

Des Weiteren untersucht Marx den Einfluss von Veränderungen in der Produktivität der Arbeit auf den Preis der Arbeitskraft. Eine erhöhte Produktivität führt zu einer gesteigerten Produktion von Waren in kürzerer Zeit. Dadurch wird der Wert der Waren und der darin enthaltene Wert der Arbeitskraft reduziert. Der Kapitalist kann nun entweder den Preis der Waren senken und dadurch die Konkurrenzfähigkeit steigern oder den erzeugten Mehrwert erhöhen.

Marx weist jedoch darauf hin, dass die Produktivitätssteigerung ihre Grenzen hat. Technologische Fortschritte und die Einführung von Maschinen können nicht unbegrenzt voranschreiten, da sie auf bestimmte soziale und ökonomische Bedingungen angewiesen sind. Zudem führt die gesteigerte Produktivität auch zu Überproduktion und Krisen im kapitalistischen System.

Insgesamt betont Marx in diesem Kapitel die wechselseitige Abhängigkeit zwischen dem Preis der Arbeitskraft und der Produktion von Mehrwert. Er zeigt auf, wie die Ausbeutung der Arbeitskraft und Veränderungen in der Produktivität der Arbeit den Wert der Arbeitskraft beeinflussen und damit auch den Mehrwert, der vom Kapitalisten angeeignet wird. Marx unterstreicht die Konflikte und Widersprüche des kapitalistischen Systems, die aus diesem Verhältnis entstehen.

Verschiedne Formeln für die Rate des Mehrwerts
Im Kapitel "Verschiedne Formeln für die Rate des Mehrwerts" des Buches "Das Kapital" von Karl Marx setzt Marx seine Untersuchung der kapitalistischen Produktionsweise fort. Er untersucht die verschiedenen Formeln, die zur Berechnung der Rate des

Mehrwerts verwendet werden, und zeigt die zugrunde liegenden Mechanismen der kapitalistischen Ausbeutung auf.

Marx beginnt mit der Erklärung des Begriffs des Mehrwerts, der den Unterschied zwischen dem Wert, den die Arbeiter durch ihre Arbeit schaffen, und dem Wert ihrer eigenen Arbeitskraft darstellt. Der Mehrwert ist das zentrale Element der kapitalistischen Akkumulation und bildet die Grundlage für die Entstehung von Profit.

Marx stellt fest, dass die Rate des Mehrwerts das Verhältnis zwischen dem Mehrwert und dem variablen Kapital (das für die Löhne der Arbeiter aufgewendet wird) darstellt. Er erläutert verschiedene Formeln, die verwendet werden können, um die Rate des Mehrwerts zu berechnen, einschließlich der absoluten und relativen Formel.

Die absolute Formel des Mehrwerts beruht auf der Verlängerung der Arbeitszeit der Arbeiter über die notwendige Arbeitszeit hinaus. Durch die Ausweitung der Arbeitszeit kann der Kapitalist einen größeren Mehrwert erzielen. Marx zeigt jedoch auf, dass es Grenzen für die Ausdehnung der Arbeitszeit gibt, da die Arbeiter eine gewisse Erholungszeit und Zeit für andere Tätigkeiten benötigen.

Die relative Formel des Mehrwerts basiert auf der Steigerung der Produktivität der Arbeit. Durch die Einführung von Technologien und Arbeitsmethoden, die die Arbeitszeit für die Produktion einer Ware verringern, kann der Kapitalist den Wert der Arbeitskraft senken und den Mehrwert erhöhen. Marx betont jedoch, dass diese Steigerung der Produktivität auch zu einem Druck auf die Löhne und zur Verschärfung des Konkurrenzkampfes zwischen den Kapitalisten führt.

Marx weist auch auf die Widersprüche des kapitalistischen Systems hin, die sich aus der Ausbeutung der Arbeitskraft und der Steigerung des Mehrwerts ergeben. Die zunehmende

Konzentration des Kapitals und die Monopolbildung führen zu einer Unterdrückung kleinerer Kapitalisten und einer Verschärfung der Klassenkämpfe. Zudem führt die kapitalistische Produktion zu Krisen und der Zerstörung von Werten.

Insgesamt verdeutlicht Marx in diesem Kapitel die verschiedenen Formeln zur Berechnung der Rate des Mehrwerts und die zugrunde liegenden Mechanismen der kapitalistischen Ausbeutung. Er zeigt auf, wie die Verlängerung der Arbeitszeit und die Steigerung der Produktivität der Arbeit zur Akkumulation von Mehrwert führen und die grundlegenden Widersprüche des kapitalistischen Systems verstärken.

Verwandlung von Wert in Arbeitslohn
Im Kapitel "Verwandlung von Wert resp. Preis der Arbeitskraft in Arbeitslohn" des Buches "Das Kapital" von Karl Marx analysiert Marx die komplexe Beziehung zwischen dem Wert oder Preis der Arbeitskraft und dem tatsächlichen Arbeitslohn, den die Arbeiter erhalten.

Marx erklärt zunächst, dass der Wert der Arbeitskraft durch den Wert der für ihre Reproduktion notwendigen Güter und Dienstleistungen bestimmt wird. Diese notwendigen Lebenshaltungskosten umfassen Nahrungsmittel, Kleidung, Unterkunft, Bildung usw. Der Wert der Arbeitskraft wird vom Kapitalisten als Teil der Produktionskosten betrachtet und als solcher in die Kalkulation des Mehrwerts einbezogen.

Allerdings weist Marx darauf hin, dass der tatsächliche Arbeitslohn, den die Arbeiter erhalten, oft niedriger ist als der Wert ihrer Arbeitskraft. Dies liegt daran, dass die Kapitalisten bestrebt sind, den Arbeitslohn so niedrig wie möglich zu halten, um den Mehrwert zu maximieren. Sie nutzen ihre Machtstellung aus, um die Arbeitskraft zu einem niedrigen Preis zu erwerben und die Arbeitnehmer in eine prekäre Lage zu versetzen.

Marx unterscheidet zwischen dem nominellen und dem realen Lohn. Der nominelle Lohn bezieht sich auf den Geldbetrag, den die

Arbeiter als Entlohnung erhalten, während der reale Lohn den tatsächlichen Wert der Güter und Dienstleistungen darstellt, die die Arbeiter mit ihrem Lohn erwerben können. Aufgrund von Preissteigerungen und anderen Faktoren kann der reale Lohn sinken, obwohl der nominelle Lohn möglicherweise stabil bleibt oder sogar steigt.

Des Weiteren diskutiert Marx die Rolle von Angebot und Nachfrage auf dem Arbeitsmarkt. Wenn die Nachfrage nach Arbeitskräften hoch ist und das Angebot begrenzt, steigen die Löhne. Im umgekehrten Fall, wenn das Angebot an Arbeitskräften hoch ist und die Nachfrage gering, sinken die Löhne. Marx weist jedoch darauf hin, dass das Kräfteverhältnis zwischen Kapital und Arbeit dazu führt, dass die Arbeiterklasse im Kapitalismus immer in einer schwächeren Position ist und ihre Verhandlungsmacht begrenzt ist.

Abschließend betont Marx, dass die Ausbeutung der Arbeitskraft und die Unterbezahlung der Arbeiterklasse grundlegende Merkmale des kapitalistischen Systems sind. Die kapitalistische Produktionsweise zielt darauf ab, den Mehrwert zu akkumulieren, indem sie die Arbeitskraft ausbeutet und die Löhne niedrig hält. Diese Ausbeutung und Ungleichheit sind zentral für die Funktionsweise des Kapitalismus und führen zu sozialen Ungerechtigkeiten und Konflikten.

Insgesamt zeigt das Kapitel "Verwandlung von Wert resp. Preis der Arbeitskraft in Arbeitslohn" von Karl Marx die Widersprüche zwischen dem Wert der Arbeitskraft und dem tatsächlichen Arbeitslohn auf. Es verdeutlicht die Tendenz des Kapitalismus, die Arbeitskraft zu unterbezahlen und den Mehrwert zu akkumulieren. Marx legt dar, wie die Dynamik von Angebot und Nachfrage und das Kräfteverhältnis zwischen Kapital und Arbeit die Löhne bestimmen und die Ausbeutung der Arbeiterklasse fördern.

Der Zeitlohn

Im Kapitel "Der Zeitlohn" des Buches "Das Kapital" von Karl Marx analysiert Marx die Arbeitsentlohnung auf der Grundlage des

Zeitlohnsystems, das in vielen kapitalistischen Betrieben angewendet wird.

Marx beginnt mit der Unterscheidung zwischen dem Tagelohn und dem Stücklohn. Beim Tagelohn erhält der Arbeiter einen festen Lohn für einen bestimmten Zeitraum, unabhängig von der Menge oder Qualität der produzierten Waren. Beim Stücklohn hingegen wird der Lohn auf der Grundlage der produzierten Einheiten oder Stücke berechnet. Marx konzentriert sich jedoch hauptsächlich auf den Zeitlohn.

Marx erklärt, dass der Zeitlohn dazu dient, die Arbeitskraft des Arbeiters zu kaufen, und daher als Preis für diese Ware betrachtet werden kann. Der Wert des Zeitlohns wird durch den Wert der für die Reproduktion der Arbeitskraft notwendigen Güter und Dienstleistungen bestimmt. Marx bezeichnet diesen Wert als notwendigen Arbeitslohn, der die minimalen Lebenshaltungskosten der Arbeiter abdeckt.

Allerdings weist Marx darauf hin, dass der tatsächlich gezahlte Zeitlohn oft niedriger ist als der Wert der Arbeitskraft. Dies liegt daran, dass der Kapitalist bestrebt ist, den Arbeitslohn so niedrig wie möglich zu halten, um den Mehrwert zu maximieren. Der Unterschied zwischen dem Wert der Arbeitskraft und dem tatsächlichen Lohn wird als Mehrwert bezeichnet, der dem Kapitalisten als Profit zugutekommt.

Marx untersucht auch die Auswirkungen des Zeitlohns auf die Arbeitsintensität. Da der Arbeiter einen festen Lohn pro Zeitperiode erhält, wird er dazu angeregt, so viel Arbeit wie möglich in dieser Zeit zu leisten. Dies führt zu einer Steigerung der Produktivität und damit zu einer erhöhten Ausbeutung der Arbeitskraft.

Des Weiteren beleuchtet Marx die negativen Auswirkungen des Zeitlohns auf die Arbeitsbedingungen. Da der Arbeiter nur für die geleistete Zeit bezahlt wird, hat er wenig Kontrolle über seine Arbeitszeit und ist oft gezwungen, lange Stunden zu arbeiten, um genug zu verdienen. Zudem führt der Wettbewerb zwischen den Arbeitern um die begrenzte Anzahl von Arbeitsplätzen dazu, dass sie sich gegenseitig unterbieten und bereit sind, unter schlechten Bedingungen zu arbeiten.

Marx kritisiert das Zeitlohnsystem als eine Form der Ausbeutung der Arbeitskraft, bei der der Kapitalist den Großteil des Mehrwerts für sich selbst behält. Er argumentiert, dass die Abschaffung des Kapitalismus und die Einführung einer sozialistischen Gesellschaftsordnung notwendig sind, um die Ausbeutung der Arbeit und die Ungerechtigkeiten des Zeitlohnsystems zu überwinden.

Insgesamt verdeutlicht das Kapitel "Der Zeitlohn" von Karl Marx die Dynamik des Zeitlohnsystems und seine Auswirkungen auf die Arbeitsentlohnung und Arbeitsbedingungen. Es kritisiert die Ungerechtigkeiten und Ausbeutung, die mit dieser Form der Entlohnung einhergehen, und betont die Notwendigkeit einer radikalen sozialen Veränderung, um eine gerechtere Verteilung des Mehrwerts und eine menschenwürdige Arbeitswelt zu erreichen.

Der Stücklohn

Im Kapitel "Der Stücklohn" des Buches "Das Kapital" von Karl Marx untersucht Marx die Arbeitsentlohnung auf der Grundlage des Stücklohnsystems, das in vielen industriellen Betrieben angewendet wird.

Marx beginnt damit, den Stücklohn als eine Form der Entlohnung zu definieren, bei der der Arbeiter für jede produzierte Einheit oder jedes Stück eine bestimmte Menge Geld erhält. Im Gegensatz zum Zeitlohn, bei dem der Lohn von der Arbeitszeit abhängt, wird der Stücklohn aufgrund der Menge oder Qualität der produzierten Waren festgelegt.

Marx weist darauf hin, dass der Stücklohn in der kapitalistischen Produktionsweise eine besondere Bedeutung hat, da er die Verbindung zwischen dem Produktionsprozess und dem Wert der produzierten Waren verdeutlicht. Der Stücklohn spiegelt wider, wie viel Wert der Arbeiter durch seine Arbeit schafft und wie dieser Wert vom Kapitalisten angeeignet wird.

Allerdings stellt Marx fest, dass der Stücklohn auch seine eigenen negativen Auswirkungen hat. Da der Arbeiter für jede produzierte Einheit bezahlt wird, besteht ein Anreiz, so viele Einheiten wie möglich in einer bestimmten Zeit zu produzieren. Dies kann zu einer intensiven Ausbeutung der Arbeitskraft führen, da der Arbeiter unter Druck steht, die Produktion zu beschleunigen und Überstunden zu leisten.

Marx betont, dass der Stücklohn in der kapitalistischen Produktionsweise oft dazu führt, dass die Arbeit unter extremen Bedingungen ausgeübt wird. Die Kapitalisten streben danach, die Produktionskosten zu senken und den Mehrwert zu maximieren, indem sie die Löhne drücken und die Arbeitsintensität erhöhen. Dies führt zu übermäßiger Anstrengung, gesundheitlichen Problemen und einem Mangel an Arbeitsplatzsicherheit für die Arbeiter.

Marx kritisiert das Stücklohnsystem als eine Form der Ausbeutung, bei der der Kapitalist den größten Teil des Mehrwerts für sich beansprucht, während der Arbeiter nur einen Bruchteil des geschaffenen Werts erhält. Er argumentiert, dass die Abschaffung des Kapitalismus und die Einführung einer sozialistischen Gesellschaftsordnung notwendig sind, um die Ausbeutung der Arbeit und die ungerechten Bedingungen des Stücklohnsystems zu überwinden.

Insgesamt verdeutlicht das Kapitel "Der Stücklohn" von Karl Marx die Dynamik des Stücklohnsystems und seine Auswirkungen auf die Arbeitsentlohnung und Arbeitsbedingungen. Es unterstreicht die Probleme der Ausbeutung und der unfairen Verteilung des Mehrwerts im kapitalistischen System und betont die Bedeutung einer gerechten und solidarischen Gesellschaftsordnung, in der die Arbeitskraft angemessen entlohnt und geschützt wird.

Nationale Verschiedenheit der Arbeitslöhne

Im Kapitel "Nationale Verschiedenheit der Arbeitslöhne" des Buches "Das Kapital" von Karl Marx untersucht Marx die Unterschiede in den Arbeitslöhnen zwischen verschiedenen Ländern und Regionen.

Marx stellt fest, dass die Höhe der Arbeitslöhne stark von der Produktivität der Arbeit abhängt. In Ländern oder Regionen mit einer höheren Produktivität, in denen mehr Waren mit weniger Arbeitsaufwand produziert werden können, sind die Arbeitslöhne tendenziell höher. Umgekehrt sind die Löhne in Ländern oder Regionen mit geringerer Produktivität niedriger.

Marx erklärt, dass die Produktivität der Arbeit von verschiedenen Faktoren abhängt, wie z.B. technologischer Fortschritt, Verfügbarkeit von Rohstoffen und Arbeitskräften sowie politischen und sozialen Bedingungen. Daher sind die nationalen Unterschiede in den Arbeitslöhnen eng mit den jeweiligen Produktionsbedingungen und wirtschaftlichen Gegebenheiten verbunden.

Darüber hinaus betont Marx, dass die Ausbeutung der Arbeitskraft und die ungleiche Verteilung des Mehrwerts auch auf internationaler Ebene bestehen. Kapitalisten neigen dazu, die Arbeitskosten zu senken, indem sie die Löhne drücken und in Länder mit niedrigeren Lohnkosten auslagern. Dadurch entsteht ein Wettbewerb zwischen den Arbeitern verschiedener Länder, der dazu führt, dass die Löhne auf einem niedrigeren Niveau gehalten werden.

Marx kritisiert diese Situation als ein Ergebnis des kapitalistischen Systems, das auf der Akkumulation von Kapital und der Ausbeutung der Arbeit basiert. Er argumentiert, dass die nationale Verschiedenheit der Arbeitslöhne eine Quelle sozialer Ungerechtigkeit und wirtschaftlicher Ungleichheit ist.

Marx plädiert für eine internationale Solidarität der Arbeiterklasse und den Kampf für gerechte Arbeitsbedingungen und angemessene

Löhne auf globaler Ebene. Er betont die Notwendigkeit einer sozialistischen Gesellschaftsordnung, in der die Ausbeutung der Arbeit beendet wird und die Produktionsmittel in gemeinschaftliches Eigentum überführt werden.

Insgesamt verdeutlicht das Kapitel "Nationale Verschiedenheit der Arbeitslöhne" von Karl Marx die Zusammenhänge zwischen Produktivität, Arbeitslöhnen und den Bedingungen des kapitalistischen Systems. Es zeigt die globalen Auswirkungen der kapitalistischen Ausbeutung und ruft zu einer solidarischen Bewegung für gerechte Arbeitsbedingungen und Löhne auf internationaler Ebene auf.

Einfache Reproduktion

Im Kapitel "Einfache Reproduktion" des Buches "Das Kapital" von Karl Marx untersucht Marx den Prozess der Reproduktion innerhalb der kapitalistischen Wirtschaft. Er betrachtet speziell die einfache Reproduktion, bei der das Kapital nur in derselben Größe reproduziert wird, ohne dass es zu einer Expansion oder einer Veränderung der Produktionsweise kommt.

Marx erklärt, dass die einfache Reproduktion auf der Wiederherstellung der beiden Hauptkomponenten des Kapitals beruht: dem konstanten Kapital, das aus den Produktionsmitteln wie Maschinen und Rohstoffen besteht, und dem variablen Kapital, das für die Lohnzahlungen an die Arbeiter verwendet wird.

Er zeigt auf, dass das konstante Kapital in der einfachen Reproduktion nur in derselben Größe erhalten bleibt, da es durch Abnutzung und Verschleiß im Produktionsprozess abgenutzt wird. Das variable Kapital hingegen wird für den Kauf der Arbeitskraft verwendet, um die Produktion aufrechtzuerhalten.

Marx diskutiert auch die Rolle des zirkulierenden Kapitals, das für den Kauf von Rohstoffen und den Verkauf von fertigen Waren verwendet wird. Er betont, dass in der einfachen Reproduktion das zirkulierende Kapital nur in dem Maße wiedergewonnen wird, wie es für den Erhalt der Produktion notwendig ist.

Des Weiteren untersucht Marx die Auswirkungen der einfachen Reproduktion auf die Arbeitsbedingungen und den Klassenkampf. Er argumentiert, dass in diesem Prozess die Ausbeutung der Arbeit und die Anhäufung von Mehrwert weiterhin bestehen bleiben.

Marx weist darauf hin, dass die einfache Reproduktion nicht die einzige Form der Kapitalreproduktion ist, sondern eine begrenzte Phase im kapitalistischen Zyklus. Er betont, dass das kapitalistische System nach ständiger Expansion und Akkumulation strebt, was zu einem ständigen Wachstum des Kapitals und zu Veränderungen in der Produktionsweise führt.

Insgesamt verdeutlicht das Kapitel "Einfache Reproduktion" von Karl Marx die grundlegenden Mechanismen der Reproduktion im kapitalistischen System. Es zeigt die Begrenzungen der einfachen Reproduktion auf und betont die Tendenz des Kapitals zur Expansion und Akkumulation. Marx unterstreicht auch die fortgesetzte Ausbeutung der Arbeit und die sozialen Konflikte, die mit diesem System verbunden sind.

Verwandlung von Mehrwert in Kapital

Im Kapitel "Verwandlung von Mehrwert in Kapital" des Buches "Das Kapital" von Karl Marx untersucht Marx den entscheidenden Prozess, wie der erzeugte Mehrwert innerhalb des kapitalistischen Systems in Kapital umgewandelt wird. Diese Umwandlung bildet die Grundlage für die weitere Akkumulation und Expansion des Kapitals.

Marx erklärt, dass der Mehrwert, der durch die Ausbeutung der Arbeitskraft der Arbeiterklasse entsteht, das eigentliche Herzstück des kapitalistischen Systems ist. Dieser Mehrwert wird durch die Differenz zwischen dem Wert der Arbeitskraft und der tatsächlichen Arbeitszeit, die der Arbeiter aufwendet, geschaffen.

Der Mehrwert kann auf verschiedene Weisen in Kapital umgewandelt werden. Marx betrachtet insbesondere zwei Formen: die einfache Reproduktion, bei der der Mehrwert zur Wiederherstellung des Kapitals verwendet wird, und die erweiterte Reproduktion, bei der der Mehrwert zur Expansion und Akkumulation des Kapitals eingesetzt wird.

Marx betont, dass die Umwandlung des Mehrwerts in Kapital ein wesentlicher Bestandteil des kapitalistischen Systems ist und eine ständige Ausbeutung der Arbeiterklasse erfordert. Durch die Aneignung und Anhäufung von Mehrwert durch die Kapitalistenklasse wird ein endloser Zyklus der Produktion und Akkumulation in Gang gesetzt.

Darüber hinaus diskutiert Marx auch die Rolle des Kredits und der Kreditgelder in der Umwandlung des Mehrwerts in Kapital. Er erklärt, dass der Kredit eine wichtige Rolle bei der Erweiterung des Kapitals spielt, indem er es den Kapitalisten ermöglicht, ihre Produktion zu finanzieren und ihre Aktivitäten auszudehnen.

Marx betont, dass die Umwandlung von Mehrwert in Kapital ein zentraler Treiber des kapitalistischen Systems ist, der zu einem ständigen Wachstum und einer ständigen Akkumulation von Kapital führt. Gleichzeitig führt dieser Prozess zu einer zunehmenden Konzentration von Reichtum und Macht in den Händen der Kapitalistenklasse und zu wachsenden Ungleichheiten in der Gesellschaft.

Insgesamt zeigt das Kapitel "Verwandlung von Mehrwert in Kapital" von Karl Marx die zentrale Bedeutung des Mehrwerts und seine Umwandlung in Kapital für das Funktionieren des kapitalistischen Systems. Es verdeutlicht die Mechanismen der Ausbeutung der Arbeit und der Akkumulation des Kapitals und unterstreicht die sozialen und ökonomischen Konsequenzen dieses Prozesses.

Das allgemeine Gesetz der kapitalistischen Akkumulation
Im Kapitel "Das allgemeine Gesetz der kapitalistischen Akkumulation Teil 1" des Buches "Das Kapital" von Karl Marx untersucht Marx den Mechanismus der Kapitalakkumulation im kapitalistischen System und legt dabei das allgemeine Gesetz der kapitalistischen Akkumulation dar.

Marx beginnt mit der Analyse des zentralen Widerspruchs des kapitalistischen Systems, nämlich der Tatsache, dass die Kapitalistenklasse bestrebt ist, den Mehrwert zu maximieren, während die Arbeiterklasse versucht, ihre Lohnforderungen zu erhöhen. Dieser Widerspruch führt zu einem ständigen Spannungsverhältnis zwischen Kapital und Arbeit.

Marx erklärt, dass das allgemeine Gesetz der kapitalistischen Akkumulation auf der grundlegenden Tendenz des Kapitals beruht, sich stetig zu vermehren. Dies geschieht durch die Ausbeutung der Arbeitskraft der Arbeiterklasse, die den Mehrwert schafft. Der Mehrwert wird wiederum in Kapital umgewandelt und für die Expansion und Akkumulation verwendet.

Marx betont, dass die kapitalistische Akkumulation nicht nur die Ausweitung der Produktion und die Anhäufung von Kapital umfasst, sondern auch die Konzentration von Kapital in den Händen weniger Kapitalisten. Dies führt zur Bildung von Monopolen und zur Verschärfung der Klassengegensätze in der Gesellschaft.

Der Akkumulationsprozess wird durch verschiedene Faktoren vorangetrieben, darunter die Steigerung der Produktivität durch den Einsatz von Maschinen und Technologie, die Reduzierung der Lohnkosten und die Suche nach neuen Absatzmärkten. Marx argumentiert, dass diese Dynamik des Kapitalismus zu einer verstärkten Ausbeutung der Arbeiterklasse und zu sozialen Ungleichheiten führt.

Marx hebt auch die Tendenz zur periodischen Überproduktion hervor, die eine Krise im kapitalistischen System auslösen kann.

Überproduktion entsteht, wenn die produzierten Waren nicht vollständig auf dem Markt abgesetzt werden können. Dies führt zu einem Rückgang der Gewinne, Massenarbeitslosigkeit und wirtschaftlicher Instabilität.

Im Kapitel "Das allgemeine Gesetz der kapitalistischen Akkumulation Teil 1" verdeutlicht Marx den grundlegenden Mechanismus der Kapitalakkumulation im kapitalistischen System. Er beschreibt den Prozess der Ausbeutung der Arbeitskraft, die Umwandlung des Mehrwerts in Kapital und die Tendenz zur Konzentration von Kapital und sozialen Ungleichheiten. Gleichzeitig weist er auf die inhärente Instabilität des kapitalistischen Systems hin, die zu Krisen und Überproduktion führen kann.

In diesem Kapitel geht Karl Marx weiter auf das allgemeine Gesetz der kapitalistischen Akkumulation ein und analysiert die verschiedenen Formen, in denen sich der Mehrwert in Kapital verwandelt. Er argumentiert, dass die Akkumulation von Kapital untrennbar mit der Ausbeutung der Arbeitskraft verbunden ist.

Marx erklärt, dass der Kapitalist dazu tendiert, einen Teil des Mehrwerts, den er aus der Arbeit der Arbeiterklasse extrahiert hat, zur Wiederinvestition zu verwenden, um den Produktionsprozess zu erweitern und zu intensivieren. Dies führt zu einer Steigerung der Produktivität und damit zu einer erhöhten Mehrwertproduktion. Gleichzeitig führt die Konkurrenz zwischen den Kapitalisten dazu, dass sie einen Teil ihres Mehrwerts als Profit behalten und für den persönlichen Konsum verwenden.

Marx beschreibt auch die Rolle des Kreditsystems in der kapitalistischen Akkumulation. Kapitalisten nutzen Kredite, um ihre Investitionen zu finanzieren und die Akkumulation zu beschleunigen. Dies kann jedoch zu Überproduktion und ökonomischer Krise führen.

Ein weiterer wichtiger Aspekt des Kapitels ist die Untersuchung der kapitalistischen Konzentration und Zentralisation des Kapitals. Marx argumentiert, dass im Laufe der Zeit immer mehr Kapital in den Händen weniger großer Kapitalisten konzentriert wird. Dies führt zur Verdrängung kleinerer Kapitalisten und zur Entstehung von Monopolen.

Marx betont auch die Rolle des Staates in der kapitalistischen Akkumulation. Der Staat interveniert, um die Interessen der Kapitalistenklasse zu schützen und den Kapitalismus aufrechtzuerhalten. Dies geschieht durch Gesetze, die das Eigentum und die Ausbeutung sichern, sowie durch die Bereitstellung von Infrastruktur und anderen unterstützenden Maßnahmen.

Insgesamt analysiert Marx in diesem Kapitel die Dynamik der kapitalistischen Akkumulation und die damit verbundenen Widersprüche. Er zeigt auf, wie die Ausbeutung der Arbeitskraft und die Konzentration des Kapitals den kapitalistischen Produktionsprozess vorantreiben und gleichzeitig soziale Ungleichheit und ökonomische Krisen erzeugen.

Die sogenannte ursprüngliche Akkumulation
In dem Kapitel "Die sogenannte ursprüngliche Akkumulation" aus dem Buch "Das Kapital" von Karl Marx beschäftigt sich Marx mit der Entstehung des Kapitals und der Ausbeutung im kapitalistischen System. Er untersucht, wie das Kapital in seinen Anfängen angesammelt wurde und wie dies zur Entstehung des modernen Kapitalismus führte.

Marx argumentiert, dass die kapitalistische Produktionsweise nicht von Natur aus existiert, sondern historisch bedingt ist. Er betrachtet die sogenannte ursprüngliche Akkumulation als den historischen Prozess, in dem das Privateigentum an Produktionsmitteln, insbesondere Land und Bodenschätze, sowie die Arbeitskraft der Menschen auf eine Weise angeeignet wurden, die den Grundstein für die kapitalistische Produktionsweise legte.

Marx betrachtet verschiedene Aspekte der ursprünglichen Akkumulation, wie die Landenteignung, die Kolonialisierung, die Sklaverei, die Ausrottung indigener Völker und den Prozess der Verdrängung der ländlichen Bevölkerung von ihrem Land. Diese Prozesse waren von Gewalt, Ausbeutung und Ungerechtigkeit geprägt und führten zur Konzentration von Land und Reichtum in den Händen weniger Kapitalisten.

Der Übergang von einer feudalen Gesellschaftsordnung zu einer kapitalistischen Gesellschaftsordnung wird von Marx als ein gewaltsamer und widersprüchlicher Prozess beschrieben. Er betont, dass die ursprüngliche Akkumulation die Basis für die kapitalistische Produktionsweise legte, indem sie die Bedingungen schuf, unter denen Kapitalisten Kapital anhäufen und Arbeiter ausbeuten konnten.

Marx weist darauf hin, dass die ursprüngliche Akkumulation nicht nur in der Vergangenheit stattgefunden hat, sondern auch in der Gegenwart fortgesetzt wird. Er argumentiert, dass der Kapitalismus auf einer ständigen Akkumulation von Kapital basiert, bei der die Kapitalisten den Mehrwert aus der Arbeit der Arbeiterklasse extrahieren und diesen Mehrwert zur weiteren Kapitalakkumulation verwenden.

Das Kapitel "Die sogenannte ursprüngliche Akkumulation" verdeutlicht die historischen und sozialen Bedingungen, die zur Entstehung des Kapitalismus geführt haben. Marx kritisiert dabei die Ausbeutung und Ungerechtigkeit, die mit der Akkumulation von Kapital verbunden sind, und betont die Bedeutung der Klassenkämpfe und des Klassenbewusstseins für eine mögliche Überwindung des kapitalistischen Systems.

Es ist zu beachten, dass diese Zusammenfassung nur einen Überblick über die Hauptpunkte des Kapitels gibt und nicht alle detaillierten Argumente und Analysen von Marx enthält. "Das Kapital" ist ein umfangreiches Werk, das eine tiefgreifende

Untersuchung der politischen Ökonomie des Kapitalismus bietet und einen wichtigen Beitrag zur marxistischen Theorie darstellt.

Die moderne Kolonisationstheorie

In diesem Kapitel von "Das Kapital" beschäftigt sich Karl Marx mit der Verwechslung der politischen Ökonomie von zwei verschiedenen Arten des Privateigentums. Er betont, dass die politische Ökonomie dazu neigt, das Privateigentum basierend auf eigener Arbeit des Produzenten mit dem Privateigentum basierend auf der Ausbeutung fremder Arbeit zu verwechseln. Marx argumentiert, dass das letztere nicht nur den direkten Gegensatz zum erstgenannten bildet, sondern auch auf dessen Kosten wächst.

Im westlichen Teil Europas, dem Ursprungsland der politischen Ökonomie, ist der Prozess der ursprünglichen Akkumulation weitgehend abgeschlossen. Das kapitalistische System hat entweder die gesamte nationale Produktion direkt unter seine Kontrolle gebracht oder kontrolliert indirekt die veralteten Gesellschaftsschichten, die neben ihm weiterbestehen. Marx stellt fest, dass die politische Ökonomie in diesem etablierten kapitalistischen System die Vorstellungen von Recht und Eigentum der vorkapitalistischen Welt weiterhin anwendet, obwohl die Realität diese Vorstellungen längst widerlegt.

Anders sieht es in den Kolonien aus. Dort stößt das kapitalistische System auf das Hindernis der Produzenten, die als Eigentümer ihrer eigenen Arbeitsbedingungen sich selbst durch ihre Arbeit bereichern, anstatt von Kapitalisten ausgebeutet zu werden. Der Konflikt zwischen diesen beiden ökonomischen Systemen zeigt sich in ihrem praktischen Kampf. Wenn der Kapitalist die Macht des Mutterlandes im Rücken hat, versucht er gewaltsam, die auf eigener Arbeit basierende Produktions- und Aneignungsweise zu beseitigen. Der politische Ökonom, der dem Kapital dient, proklamiert in den Kolonien den Gegensatz beider Produktionsweisen offen und erklärt, dass die Entwicklung der gesellschaftlichen Produktivkraft der Arbeit, wie Kooperation, Arbeitsteilung und der Einsatz von Maschinen, unmöglich ist ohne die Expropriation der Arbeiter und die Umwandlung ihrer Produktionsmittel in Kapital.

Marx erwähnt das Verdienst von E. G. Wakefield, der in den Kolonien erkannte, dass der Besitz von Geld, Lebensmitteln, Maschinen und anderen Produktionsmitteln an sich einen Menschen noch nicht zum Kapitalisten macht. Es fehlt die Ergänzung, nämlich der Lohnarbeiter, der sich gezwungen sieht, sich freiwillig zu verkaufen. Marx beschreibt Wakefields Kolonisationstheorie, die darauf abzielt, in den Kolonien Lohnarbeiter heranzubilden. Wakefield bezeichnet dies als "systematische Kolonisation".

Wakefield erkennt, dass der Arbeiter erst dann zum Kapitalisten wird, wenn er genug Kapital angesammelt hat, um andere Arbeiter zu beschäftigen. In den Kolonien, wo Land billig ist und die Menschen frei sind, ist es jedoch schwierig, genügend Lohnarbeiter zu finden, da viele Arbeiter selbständige Bauern oder Konkurrenten der alten Meister auf dem Arbeitsmarkt werden. Wakefield beklagt den Mangel an Arbeitskräften in den Kolonien und betont, dass die Entwicklung der kapitalistischen Produktionsweise behindert wird.

Marx kritisiert Wakefields Vorstellung von der "systematischen Kolonisation" und bezeichnet sie als Notbehelf, da der Arbeiter in den Kolonien aufgrund der hohen Löhne schnell unabhängiger Bauer oder Handwerker wird. Die Produktion von überflüssigen Lohnarbeitern im Verhältnis zur Kapitalakkumulation wird dadurch beeinträchtigt. Marx zeigt auf, dass die Bemühungen zur Schaffung einer relativen Übervölkerung von Lohnarbeitern in den Kolonien durch staatliche Eingriffe und künstlich hohe Bodenpreise erfolgen sollen. Dadurch sollen die Arbeiter gezwungen werden, länger für Löhne zu arbeiten, bevor sie genug Geld verdienen können, um Land zu kaufen und unabhängige Bauern zu werden. Gleichzeitig soll durch den Import von weiteren Arbeitern aus Europa der Arbeitsmarkt für Kapitalisten gesichert werden.

Marx kommentiert ironisch, dass die englische Regierung diese Methode der "ursprünglichen Akkumulation" jahrelang angewendet hat, aber ohne Erfolg. Er stellt fest, dass die kapitalistische Produktion in Europa weiter voranschreitet und die Bedeutung der Kolonien als Arbeitsmarkt für das Kapital abnimmt. Die Entwicklung des Kapitalismus in Europa, begleitet von staatlichem Druck, hat Wakefields Ansatz überflüssig gemacht. Schließlich betont Marx, dass kapitalistische Produktions- und Akkumulationsweisen die Expropriation des Arbeiters und die Vernichtung des auf eigener Arbeit basierenden Privateigentums zur Voraussetzung haben.

Band 2

Der Kreislauf des Geldkapitals

Das Kapitel "Der Kreislauf des Geldkapitals" ist ein zentrales Kapitel im zweiten Band von "Das Kapital". In diesem Kapitel beschäftigt sich Marx mit der Rolle des Geldkapitals im kapitalistischen System und dessen spezifischem Kreislaufprozess. Er untersucht die Bewegung des Geldkapitals von der Kapitalbeschaffung über den Produktionsprozess bis hin zur Realisierung des Mehrwerts.

Marx erläutert, wie das Geldkapital als Ausgangspunkt für den kapitalistischen Produktionsprozess dient. Es wird investiert, um Arbeitskräfte, Produktionsmittel und Rohstoffe zu erwerben. Durch die Ausbeutung der Arbeitskraft entsteht Mehrwert, der anschließend in Geldform realisiert wird.

Im Kapitel "Der Kreislauf des Geldkapitals" analysiert Marx auch die verschiedenen Phasen des Kapitalzyklus, einschließlich der Zeitpunkte, in denen das Kapital gebunden ist und nicht unmittelbar wieder für neue Investitionen zur Verfügung steht. Er betrachtet die Frage der Rentabilität und stellt fest, dass das Kapital in ständiger Bewegung gehalten werden muss, um Gewinn zu erzielen.

Darüber hinaus diskutiert Marx die Rolle des Kredits und der Kreditverhältnisse im Kapitalismus und die damit verbundenen Auswirkungen auf den Kreislauf des Geldkapitals.

Das Kapitel "Der Kreislauf des Geldkapitals" ist von zentraler Bedeutung, um das Zusammenspiel von Geldkapital, Produktionsprozess und Mehrwertrealisierung im kapitalistischen System zu verstehen. Es bietet Einblicke in die Dynamik des Kapitalismus und die Mechanismen, die die kapitalistische Wirtschaft antreiben.

Der Kreislauf des produktiven Kapitals

Das Kapitel "Der Kreislauf des produktiven Kapitals" ist ein wichtiger Teil des zweiten Bandes von Karl Marx' Werk "Das Kapital". In diesem Kapitel analysiert Marx den Prozess, wie das produktive Kapital im kapitalistischen System zirkuliert und wie es sich vermehrt.

Marx erklärt, dass das produktive Kapital in den Produktionsprozess investiert wird, um Waren herzustellen, die auf dem Markt verkauft werden sollen. Das Kapital besteht aus Geld, das für den Kauf von Produktionsmitteln wie Maschinen, Rohstoffen und Arbeitskraft verwendet wird. Diese Produktionsmittel werden dann in den Produktionsprozess eingebracht, um Waren herzustellen.

Im Produktionsprozess wird Arbeit angewendet, um die Produktionsmittel in Waren zu verwandeln. Die Arbeit schafft einen Mehrwert, der über den Wert der eingesetzten Produktionsmittel hinausgeht. Dieser Mehrwert entsteht durch die Ausbeutung der Arbeiterklasse, da sie mehr Arbeitszeit leistet, als sie für ihren eigenen Lebensunterhalt benötigt.

Nach der Produktion werden die Waren auf dem Markt verkauft und in Geldform realisiert. Das Geld wird dann erneut als Kapital investiert, um den Kreislauf des produktiven Kapitals fortzusetzen. Dieser Kreislauf, der Investition, Produktion, Verkauf und erneute Investition umfasst, ermöglicht es dem Kapital, sich zu vermehren.

Marx hebt hervor, dass dieser Kreislauf des produktiven Kapitals auch die Ausbeutung und Unterdrückung der Arbeiterklasse beinhaltet. Die Arbeiter erhalten nur einen Teil des geschaffenen Mehrwerts als Lohn, während der größte Teil als Profit an die Kapitalisten geht. Dadurch wird das kapitalistische System aufrechterhalten und die Klassenunterschiede verstärkt.

Das Kapitel "Der Kreislauf des produktiven Kapitals" in "Das Kapital" von Karl Marx bietet eine detaillierte Untersuchung der Funktionsweise des produktiven Kapitals im kapitalistischen System. Es verdeutlicht die zentralen Aspekte der kapitalistischen Produktion und zeigt auf, wie der Mehrwert erzeugt und akkumuliert wird. Gleichzeitig kritisiert Marx die soziale Ungerechtigkeit und

Ausbeutung, die mit dem kapitalistischen Produktionsprozess verbunden sind.

Der Kreislauf des Warenkapitals
Das Kapitel "Der Kreislauf des Warenkapitals" ist ein bedeutendes Kapitel im Werk "Das Kapital" von Karl Marx. In diesem Kapitel untersucht Marx den Prozess, wie Waren im kapitalistischen System zirkulieren und wie der Wert dieser Waren sich verändert und vermehrt.

Marx erklärt, dass Waren als Resultat der kapitalistischen Produktion entstehen. Diese Waren werden auf dem Markt verkauft und in Geld umgewandelt. Das Geld wird anschließend wieder in Waren investiert, um den Produktionsprozess von neuem zu beginnen.

Der Kreislauf des Warenkapitals umfasst verschiedene Phasen. Zunächst wird Geld als Kapital investiert, um Produktionsmittel und Arbeitskraft zu kaufen. Diese Produktionsmittel und Arbeitskraft werden dann im Produktionsprozess eingesetzt, um Waren herzustellen. Die Waren werden auf dem Markt verkauft und in Geld umgewandelt. Dieses Geld wird wiederum für den Kauf von Produktionsmitteln und Arbeitskraft verwendet, und der Kreislauf beginnt von vorne.

Marx betont, dass im Prozess des Warenkreislaufs der Wert der Waren erhalten und vermehrt wird. Durch die Anwendung von Arbeitskraft und den Einsatz von Produktionsmitteln entsteht ein Mehrwert. Dieser Mehrwert entsteht durch die Ausbeutung der Arbeitskraft, da die Arbeiter mehr Wert schaffen, als sie als Lohn erhalten.

Im Kapitel "Der Kreislauf des Warenkapitals" analysiert Marx auch die Rolle des Marktes bei der Festlegung von Preisen und dem Austausch von Waren. Er erklärt, dass die Preise der Waren von Angebot und Nachfrage bestimmt werden und dass der Markt als Vermittler für den Austausch von Waren fungiert.

Marx verdeutlicht, dass der Kreislauf des Warenkapitals nicht nur einen Austausch von Waren darstellt, sondern auch die Beziehung zwischen Kapitalisten und Arbeitern reflektiert. Die Kapitalisten profitieren von der Ausbeutung der Arbeitskraft und dem Mehrwert, der aus der Produktion entsteht, während die Arbeiter Lohn erhalten, der oft nicht den vollen Wert ihrer Arbeit repräsentiert.

Das Kapitel "Der Kreislauf des Warenkapitals" in "Das Kapital" von Karl Marx bietet eine detaillierte Analyse des Prozesses, wie Waren im kapitalistischen System zirkulieren. Es verdeutlicht, wie der Wert der Waren geschaffen, erhalten und vermehrt wird und wie dies mit der Ausbeutung der Arbeitskraft verbunden ist. Gleichzeitig kritisiert Marx die soziale Ungerechtigkeit und Ausbeutung, die im kapitalistischen System verwurzelt sind.

Die drei Figuren des Kreislaufsprozesses

Im Kapitel "Die drei Figuren des Kreislaufsprozesses" in Karl Marx' Werk "Das Kapital" werden die verschiedenen Phasen und Figuren des kapitalistischen Kreislaufsprozesses analysiert. Marx untersucht dabei insbesondere die Zirkulation des Kapitals und die verschiedenen Formen, die es im Laufe des Prozesses annimmt.

Die drei Figuren des Kreislaufsprozesses sind die Geldform, die Warenform und die Produktionsform des Kapitals. Jede Figur repräsentiert eine bestimmte Phase des Kapitalzyklus und ist eng mit den anderen Figuren verbunden.

Die Geldform des Kapitals bezeichnet den Anfangspunkt des Kreislaufs. Kapital wird als Geld investiert, um Produktionsmittel und Arbeitskraft zu kaufen. Das Geld dient als Mittel, um Waren zu erwerben und den Produktionsprozess in Gang zu setzen.

Die Warenform des Kapitals tritt auf, wenn das Geld in Waren umgewandelt wird. Die gekauften Produktionsmittel und Arbeitskraft werden genutzt, um Waren herzustellen. Diese Waren werden auf dem Markt verkauft und in Geld verwandelt, wodurch der Kreislauf abgeschlossen wird.

Die Produktionsform des Kapitals bezieht sich auf die Verwendung des Geldes zur Reproduktion des Kapitals. Der Mehrwert, der durch die Ausbeutung der Arbeitskraft entsteht, wird in neuen Produktionszyklen investiert, um das Kapital zu vermehren.

Marx betont, dass der Kreislaufsprozess des Kapitals nicht nur eine einfache Warenzirkulation ist, sondern die kapitalistische Produktionsweise widerspiegelt. Er zeigt auf, wie das Kapital als bestimmendes Element in der Wirtschaft fungiert und wie es durch Ausbeutung und Akkumulation ständig wächst.

Zudem hebt Marx hervor, dass der Kreislaufsprozess des Kapitals von der Notwendigkeit des ständigen Wachstums geprägt ist. Die Kapitalisten streben danach, ihren Profit zu steigern und ihr Kapital zu akkumulieren, was zur Ausbeutung der Arbeitskraft führt.

Das Kapitel "Die drei Figuren des Kreislaufsprozesses" in "Das Kapital" von Karl Marx stellt einen wesentlichen Beitrag zur Analyse des kapitalistischen Wirtschaftssystems dar. Es verdeutlicht die verschiedenen Stufen des Kapitalzyklus und zeigt die Wechselwirkungen zwischen Geld, Waren und Produktion auf. Gleichzeitig kritisiert Marx die sozialen und ökonomischen Ungleichheiten, die durch den kapitalistischen Kreislaufprozess entstehen.

Die Umlaufszeit

Im Kapitel "Die Umlaufszeit" in Karl Marx' Werk "Das Kapital" analysiert Marx die Bedeutung und Auswirkungen der Umlaufszeit auf den kapitalistischen Produktionsprozess. Die Umlaufszeit bezieht sich auf die Zeit, die benötigt wird, um das Kapital von der Investition in den Produktionsprozess bis zum Verkauf der fertigen Waren zurückzuerhalten.

Marx stellt fest, dass die Umlaufszeit eine wichtige Rolle bei der Bestimmung des Kapitalumschlags und der Geschwindigkeit der Kapitalzirkulation spielt. Je länger die Umlaufszeit ist, desto länger ist das Kapital gebunden und desto langsamer ist die

Kapitalverwertung. Dies kann sich auf die Rentabilität und den Erfolg eines Unternehmens auswirken.

Marx argumentiert, dass die Umlaufszeit eng mit anderen Faktoren des kapitalistischen Produktionsprozesses verbunden ist, insbesondere mit der Produktionszeit und der Zirkulationszeit. Die Produktionszeit bezieht sich auf die Zeit, die benötigt wird, um die Waren herzustellen, während die Zirkulationszeit die Zeit umfasst, die für den Verkauf der Waren und die Rückführung des Geldes in den Produktionsprozess benötigt wird.

Marx hebt hervor, dass die Reduzierung der Umlaufszeit für die Kapitalisten von großer Bedeutung ist, da dies zu einer schnelleren Kapitalverwertung führt. Eine verkürzte Umlaufszeit ermöglicht es dem Kapital, häufiger und schneller in den Produktionsprozess zurückzukehren, was die Kapitalakkumulation beschleunigt und den Profit steigert.

Darüber hinaus diskutiert Marx die Auswirkungen der Umlaufszeit auf die Arbeitsprozesse und die Arbeitsorganisation. Eine längere Umlaufszeit kann zu längeren Wartezeiten für die Arbeiter führen, was die Effizienz und Produktivität beeinträchtigen kann.

Marx zeigt auch auf, dass die Umlaufszeit in der kapitalistischen Wirtschaft durch verschiedene Faktoren beeinflusst wird, wie beispielsweise technologische Entwicklungen, Veränderungen in der Organisation der Produktion und Schwankungen in der Nachfrage. Er argumentiert, dass das Streben nach Verkürzung der Umlaufszeit ein treibender Faktor für technologischen Fortschritt und die Entwicklung von Effizienzsteigerungen ist.

Das Kapitel "Die Umlaufszeit" in "Das Kapital" von Karl Marx verdeutlicht die Bedeutung der Umlaufszeit im kapitalistischen Produktionsprozess. Es betont die Notwendigkeit einer schnellen Kapitalverwertung und analysiert die verschiedenen Faktoren, die die Umlaufszeit beeinflussen. Durch seine Analyse trägt Marx zur

Diskussion über die Dynamik des Kapitalismus und die Ausbeutung der Arbeitskraft bei.

Die Zirkulationskosten

Im Kapitel "Die Zirkulationskosten" in Karl Marx' Werk "Das Kapital" untersucht Marx die Kosten, die im Zirkulationsprozess des Kapitals anfallen. Der Zirkulationsprozess bezieht sich auf den Austausch von Waren, bei dem das Kapital in Geldform in den Markt eintritt, um Waren zu kaufen, und dann wieder in Geldform zurückkehrt, wenn die Waren verkauft werden.

Marx stellt fest, dass neben den Produktionskosten auch die Zirkulationskosten eine wichtige Rolle bei der Bestimmung des Werts und der Rentabilität des Kapitals spielen. Die Zirkulationskosten umfassen Ausgaben wie Transportkosten, Lagerkosten, Versicherungskosten und Handelskosten. Diese Kosten entstehen durch den physischen Transport der Waren, ihre Lagerung, den Versicherungsschutz und die Vermittlung des Handels.

Marx argumentiert, dass die Zirkulationskosten das Kapital beeinflussen, indem sie einen Teil des Mehrwerts, den das Kapital generiert, aufzehren. Je höher die Zirkulationskosten sind, desto größer ist der Teil des Mehrwerts, der für die Deckung dieser Kosten aufgewendet werden muss. Dies wirkt sich direkt auf den Profit und die Rentabilität des Kapitals aus.

Marx analysiert auch den Einfluss der Zirkulationskosten auf die Preise der Waren. Er stellt fest, dass die Zirkulationskosten in den Verkaufspreis der Waren eingerechnet werden müssen, um die Kosten des Kapitals zu decken. Dies führt zu einer Erhöhung der Preise und kann Auswirkungen auf die Nachfrage nach den Waren haben.

Darüber hinaus betont Marx, dass die Zirkulationskosten durch die kapitalistische Produktionsweise selbst beeinflusst werden. Die Konkurrenz zwischen den Kapitalisten führt dazu, dass sie bestrebt sind, die Zirkulationskosten zu senken, um wettbewerbsfähiger zu sein. Dies kann zu Effizienzsteigerungen im Zirkulationsprozess führen, wie beispielsweise der Einführung von schnellerem Transport und modernen Kommunikationstechnologien.

Marx hebt auch hervor, dass die Zirkulationskosten einen Teil der Mehrarbeit der Arbeiter absorbieren. Die Arbeiter produzieren nicht nur den Wert der Waren, sondern auch den Wert, der für die Deckung der Zirkulationskosten aufgewendet wird. Dies verdeutlicht die Ausbeutung der Arbeitskraft im kapitalistischen System, da die Arbeiter einen Teil ihrer Arbeitszeit für die Deckung der Kosten aufbringen müssen, die nicht direkt mit der Produktion von Waren zusammenhängen.

Das Kapitel "Die Zirkulationskosten" in "Das Kapital" von Karl Marx untersucht detailliert die Kosten, die im Zirkulationsprozess des Kapitals entstehen. Es zeigt auf, wie diese Kosten den Wert und die Rentabilität des Kapitals beeinflussen und verdeutlicht die Auswirkungen auf die Preise der Waren und die Arbeitskraft der Arbeiter. Durch seine Analyse trägt Marx zur Diskussion über die Dynamik des kapitalistischen Systems und die Ausbeutung der Arbeitskraft bei.

Umschlagszeit und Umschlagszahl

Das Kapitel "Umschlagszeit und Umschlagszahl" in Karl Marx' Buch "Das Kapital" behandelt das Konzept der Umschlagszeit und Umschlagszahl im Rahmen der kapitalistischen Produktionsweise.

Marx beginnt das Kapitel mit der Feststellung, dass in der kapitalistischen Produktion die Zeit eine entscheidende Rolle spielt. Die Zeit, die benötigt wird, um eine bestimmte Menge Kapital in Waren umzuwandeln und sie auf dem Markt zu verkaufen, bestimmt den Umschlag des Kapitals. Marx unterscheidet zwischen der Umschlagszeit, also der Zeitdauer, die benötigt wird, um das Kapital einmal vollständig umzuschlagen, und der Umschlagszahl, die angibt, wie oft das Kapital innerhalb eines bestimmten Zeitraums umgeschlagen werden kann.

Marx erklärt, dass die Umschlagszeit und Umschlagszahl entscheidenden Einfluss auf die Profitrate haben. Je kürzer die Umschlagszeit und je höher die Umschlagszahl, desto größer ist die Profitrate. Dies liegt daran, dass das Kapital häufiger verwendet werden kann, um Profit zu erwirtschaften, und die Waren schneller wieder in Geld umgewandelt werden können.

Die Umschlagszeit wird durch verschiedene Faktoren beeinflusst. Dazu gehören die Produktionszeit, die Zeit für den Verkauf der Waren und die Zahlungsfristen. Marx stellt fest, dass die Beschleunigung des Umschlags des Kapitals ein zentrales Ziel des Kapitalisten ist, da dies zu einer Erhöhung der Profitrate führt. Die Verkürzung der Umschlagszeit kann durch verbesserte Produktionsprozesse, effiziente Vertriebswege und die Verkürzung der Zahlungsfristen erreicht werden.

Marx weist jedoch darauf hin, dass die Verkürzung der Umschlagszeit nicht unbegrenzt möglich ist. Es gibt bestimmte natürliche Grenzen, die mit den Produktionsprozessen verbunden sind. Darüber hinaus können die Beschleunigung des Umschlags und die damit verbundene Intensivierung der Konkurrenz zu Überproduktion und Überakkumulation führen.

Marx betont auch den Einfluss des Kreditsystems auf die Umschlagszeit und Umschlagszahl. Durch den Einsatz von Krediten kann der Umschlag beschleunigt werden, da der Kapitalist Geld ausleihen kann, um die Produktion fortzusetzen und Waren vor dem Verkauf zu finanzieren. Der Kredit kann jedoch auch zu Krisen führen, wenn die Schulden nicht zurückgezahlt werden können und das Vertrauen im Kreditsystem erschüttert wird.

Zusammenfassend lässt sich sagen, dass die Umschlagszeit und Umschlagszahl im Kapitalismus eine zentrale Rolle spielen und die Profitrate beeinflussen. Die Verkürzung der Umschlagszeit ist ein Ziel des Kapitalisten, um die Profitrate zu steigern, und kann durch verschiedene Faktoren wie verbesserte Produktionsprozesse und effizientere Vertriebswege erreicht werden. Jedoch gibt es natürliche Grenzen und potenzielle Risiken im Zusammenhang mit der Beschleunigung des Umschlags und dem Einsatz des Kreditsystems.

Fixes Kapital und zirkulierendes Kapital

Das Kapitel "Fixes Kapital und zirkulierendes Kapital" in Karl Marx' Buch "Das Kapital" behandelt die Unterscheidung zwischen fixes Kapital und zirkulierendem Kapital in der kapitalistischen Produktionsweise.

Marx beginnt das Kapitel mit der Feststellung, dass das Kapital in zwei Hauptkomponenten aufgeteilt ist: das fixes Kapital und das zirkulierende Kapital. Das fixes Kapital besteht aus den materiellen Produktionsmitteln, die länger als eine Produktionsperiode verwendet werden, wie beispielsweise Gebäude, Maschinen und Werkzeuge. Das zirkulierende Kapital hingegen besteht aus den Rohstoffen, Zwischenprodukten und Lohnzahlungen, die innerhalb einer Produktionsperiode verbraucht werden.

Marx erklärt, dass das fixes Kapital einen anderen Wertbildungsprozess durchläuft als das zirkulierende Kapital. Während das zirkulierende Kapital in den Produktionsprozess eintritt und sich in den produzierten Waren materialisiert, bleibt das fixes Kapital als materielle Form des Kapitals erhalten und nimmt an Wert ab, indem es sich abnutzt und veraltet. Marx bezeichnet diesen Wertverlust als Abnutzung oder Abschreibung des fixes Kapitals.

Der Wert des fixes Kapitals wird auf die produzierten Waren übertragen, indem ein Teil des Werts des fixes Kapitals auf jede Warenportion übertragen wird, die mit Hilfe dieses Kapitals produziert wird. Marx bezeichnet diesen Teil als Wertanteil des fixes Kapitals, der in den Waren enthalten ist. Dieser Wertanteil des fixes Kapitals wird dann im Verkaufspreis der Waren berücksichtigt und an den Käufer weitergegeben.

Marx betont, dass das fixes Kapital einen langfristigen Charakter hat und seine Wertübertragung auf die Waren über mehrere Produktionsperioden hinweg erfolgt. Das fixes Kapital trägt daher zur Bildung des Werts der Waren bei, ohne dass es sich vollständig in jeder Produktionsperiode verbraucht.

Darüber hinaus diskutiert Marx die Unterschiede in der zirkulierenden Natur von fixes und zirkulierendem Kapital. Während das zirkulierende Kapital innerhalb einer Produktionsperiode seine Form ändert und sich in den Waren verbraucht, bleibt das fixes Kapital in seiner materiellen Form erhalten und wird nur abgenutzt oder veraltet. Das fixes Kapital stellt daher eine Kontinuität und Stabilität im Produktionsprozess dar, während das zirkulierende Kapital einer ständigen Erneuerung unterliegt.

Marx hebt auch hervor, dass die Unterscheidung zwischen fixes Kapital und zirkulierendem Kapital für das Verständnis der Kapitalakkumulation von großer Bedeutung ist. Das fixes Kapital spielt eine entscheidende Rolle bei der Steigerung der Produktivität und ermöglicht eine intensive Nutzung der Arbeitskraft. Es ermöglicht auch die Einführung von Maschinerie und Technologie, die die Arbeitskosten senken und die Profitrate erhöhen können.

Zusammenfassend lässt sich sagen, dass das Kapitel "Fixes Kapital und zirkulierendes Kapital" die Unterscheidung zwischen diesen beiden Komponenten des Kapitals in der kapitalistischen Produktionsweise behandelt. Das fixes Kapital besteht aus den materiellen Produktionsmitteln, die über mehrere Produktionsperioden verwendet werden, während das zirkulierende Kapital aus den Rohstoffen, Zwischenprodukten und Lohnzahlungen besteht, die innerhalb einer Produktionsperiode verbraucht werden. Die Unterscheidung zwischen fixes Kapital und zirkulierendem Kapital ist entscheidend für das Verständnis der Wertbildung und der Kapitalakkumulation im kapitalistischen System.

Der Gesamtumschlag des vorgeschoßnen Kapitals

Das Kapitel "Der Gesamtumschlag des vorgeschoßenen Kapitals" in Karl Marx' Buch "Das Kapital" behandelt den Umschlag des Kapitals und seine Auswirkungen auf die kapitalistische Produktionsweise.

Marx beginnt das Kapitel damit, den Begriff des Umschlags des Kapitals zu erklären. Der Umschlag bezieht sich auf den Prozess, bei dem das Kapital investiert, in den Produktionsprozess eingebracht, verwertet und schließlich wieder als Wert oder Mehrwert realisiert wird. Der Umschlag des Kapitals besteht aus zwei Phasen: der Produktionsphase, in der das Kapital in Produktionsmittel und Arbeitskraft umgewandelt wird, und der Verwertungsphase, in der das produzierte Warenkapital verkauft und in Geldform zurückverwandelt wird.

Marx stellt fest, dass der Umschlag des Kapitals eine zentrale Rolle in der kapitalistischen Wirtschaft spielt, da er die ständige Wiederholung des Produktionsprozesses ermöglicht und damit die stetige Akkumulation von Kapital vorantreibt. Der Umschlag des Kapitals hängt von verschiedenen Faktoren ab, darunter die Dauer des Produktionsprozesses, die Produktionsmittel und die Organisation der Arbeit.

Marx erklärt, dass der Umschlag des Kapitals eine bestimmte Umschlagszeit hat, die die Zeit angibt, die benötigt wird, um das Kapital von einer Phase des Umschlags zum nächsten zu bewegen. Die Umschlagszeit besteht aus der Produktionszeit, die die Zeit darstellt, die benötigt wird, um das Kapital im Produktionsprozess zu verwerten, und der Zirkulationszeit, die die Zeit darstellt, die benötigt wird, um das produzierte Warenkapital zu verkaufen und in Geldform zurückzuführen. Die Umschlagszeit hat direkte Auswirkungen auf die Geschwindigkeit der Kapitalakkumulation.

Marx betont auch, dass der Umschlag des Kapitals mit den Bedingungen des Marktes und der Konkurrenz verbunden ist. Die

Konkurrenz zwingt die Kapitalisten dazu, den Umschlag ihres Kapitals zu beschleunigen, um schnelleren Profit zu erzielen und ihre Position auf dem Markt zu sichern. Dies führt zu intensiveren Produktionsprozessen, kürzeren Umschlagszeiten und einer beschleunigten Kapitalakkumulation.

Des Weiteren untersucht Marx den Zusammenhang zwischen dem Umschlag des Kapitals und der Größe des vorgeschossenen Kapitals. Er erklärt, dass der Umschlag des Kapitals dazu tendiert, mit dem Anstieg des vorgeschossenen Kapitals zu wachsen. Mit zunehmendem Kapitalbedarf und der Expansion der Produktion steigt auch das vorgeschossene Kapital, was wiederum zu einem längeren Umschlag führt. Dies kann jedoch durch verbesserte Technologie, effizientere Organisation der Arbeit und beschleunigte Zirkulationsprozesse ausgeglichen werden.

Zusammenfassend lässt sich sagen, dass das Kapitel "Der Gesamtumschlag des vorgeschoßenen Kapitals" den Umschlag des Kapitals und seine Bedeutung für die kapitalistische Produktionsweise behandelt. Der Umschlag des Kapitals bezieht sich auf den Prozess, bei dem das Kapital investiert, im Produktionsprozess verwertet und wieder als Wert oder Mehrwert realisiert wird. Die Umschlagszeit, bestehend aus Produktionszeit und Zirkulationszeit, beeinflusst die Geschwindigkeit der Kapitalakkumulation. Der Umschlag des Kapitals ist eng mit den Bedingungen des Marktes und der Konkurrenz verbunden und tendiert dazu, mit dem Anstieg des vorgeschossenen Kapitals zu wachsen.

Umschlagszyklen

Das Kapitel "Umschlagszyklen" in Karl Marx' Buch "Das Kapital" behandelt die periodischen Schwankungen und Zyklen, die im Umschlag des Kapitals auftreten und die kapitalistische Wirtschaft prägen.

Marx beginnt das Kapitel damit, den Begriff des Umschlagszyklus zu erklären. Der Umschlagszyklus bezieht sich auf die

Wiederholung des Umschlags des Kapitals, vom Geldkapital zur Produktionsphase, zur Verwertung von Warenkapital und schließlich zur Rückverwandlung in Geldform. Der Umschlagszyklus besteht aus einer Abfolge von Phasen, die wiederholt durchlaufen werden.

Marx betont, dass der Umschlagszyklus nicht gleichmäßig und kontinuierlich abläuft, sondern von periodischen Schwankungen geprägt ist. Diese Schwankungen werden durch verschiedene Faktoren verursacht, darunter die Dynamik des Marktes, die Nachfrage und das Angebot, die Konkurrenz und die Wechselwirkung zwischen Produktion und Konsum.

Marx unterscheidet zwei Arten von Umschlagszyklen: den einfachen und den erweiterten Umschlagszyklus. Beim einfachen Umschlagszyklus geht es um den Umschlag eines bestimmten Kapitals, während der erweiterte Umschlagszyklus den Umschlag des gesamten Kapitals in einer Volkswirtschaft betrachtet. Marx konzentriert sich hauptsächlich auf den erweiterten Umschlagszyklus und seine Auswirkungen auf die kapitalistische Wirtschaft.

Marx erklärt, dass der erweiterte Umschlagszyklus in vier aufeinanderfolgenden Phasen abläuft: die Phase der Prosperität, die Phase der Krise, die Phase der Depression und die Phase der Erholung. In der Phase der Prosperität herrscht eine hohe Nachfrage, die Produktion floriert, die Profite steigen und die Kapitalakkumulation nimmt zu. Dies führt zu einem verstärkten Wettbewerb und einer Erhöhung der Investitionen.

Allerdings führt die übermäßige Investition und der steigende Wettbewerb zu einer Überproduktion von Waren, was zur Phase der Krise führt. In dieser Phase gibt es einen Einbruch der Nachfrage, die Preise sinken, die Profite schrumpfen und die Kapitalisten geraten in Schwierigkeiten. Dies führt zur Phase der Depression, in der eine allgemeine wirtschaftliche Stagnation herrscht, Unternehmen scheitern und Arbeitslosigkeit steigt.

Nach einer Phase der Depression setzt schließlich die Phase der Erholung ein, in der die Produktion wieder an Fahrt gewinnt, die Nachfrage steigt, neue Investitionen getätigt werden und die Wirtschaft sich langsam erholt. Dieser Zyklus wiederholt sich kontinuierlich und prägt die kapitalistische Wirtschaftsordnung.

Marx erklärt, dass die Umschlagszyklen untrennbar mit den Widersprüchen und Tendenzen des kapitalistischen Systems verbunden sind. Die periodischen Schwankungen sind Ausdruck von Überproduktion, Überakkumulation von Kapital, Konkurrenz und dem ungleichen Verhältnis von Produktion und Konsum. Die Zyklen führen zu Krisen und erzeugen eine instabile und krisenanfällige Wirtschaft.

Zusammenfassend lässt sich sagen, dass das Kapitel "Umschlagszyklen" die periodischen Schwankungen und Zyklen im Umschlag des Kapitals behandelt. Der Umschlagszyklus ist durch Phasen der Prosperität, Krise, Depression und Erholung gekennzeichnet und wird von verschiedenen Faktoren wie Nachfrage, Angebot, Konkurrenz und Wechselwirkungen zwischen Produktion und Konsum beeinflusst. Die Umschlagszyklen sind eng mit den Widersprüchen und Tendenzen des kapitalistischen Systems verbunden und prägen die kapitalistische Wirtschaftsordnung.

Theorien über fixes und zirkulierendes Kapital
Das Kapitel "Theorien über fixes und zirkulierendes Kapital" in Karl Marx' Buch "Das Kapital" beschäftigt sich mit den verschiedenen Ansätzen und Theorien zur Unterscheidung zwischen fixes und zirkulierendem Kapital in der kapitalistischen Produktionsweise.

Marx beginnt das Kapitel damit, die Bedeutung der Unterscheidung zwischen fixes und zirkulierendem Kapital zu betonen. Das fixes Kapital bezieht sich auf diejenigen Kapitalanteile, die in Form von Maschinen, Gebäuden, Anlagen und anderen langlebigen Produktionsmitteln in den Produktionsprozess eingehen. Das zirkulierende Kapital hingegen umfasst die Kapitalanteile, die in

Form von Rohstoffen, Arbeitskräften und anderen kurzfristigen Produktionsmitteln verwendet werden.

Marx analysiert verschiedene Theorien, die von früheren Ökonomen zur Unterscheidung zwischen fixes und zirkulierendem Kapital aufgestellt wurden. Er untersucht insbesondere die Theorien von Adam Smith, David Ricardo und anderen klassischen Ökonomen.

Marx kritisiert diese Theorien als unzureichend und einseitig. Er argumentiert, dass diese Theorien die Unterscheidung zwischen fixes und zirkulierendem Kapital nicht in ihrem gesamten Umfang erfassen und wichtige Aspekte vernachlässigen.

Marx entwickelt seine eigene Theorie über fixes und zirkulierendes Kapital, die auf dem Arbeitsprozess und dem Wertbegriff basiert. Er betont, dass der Unterschied zwischen fixes und zirkulierendem Kapital nicht auf der physischen Natur der Kapitalanteile beruht, sondern auf der Rolle, die sie im Produktionsprozess spielen.

Für Marx ist das fixes Kapital dasjenige Kapital, das in Produktionsmittel investiert wird, die über mehrere Produktionszyklen hinweg verwendet werden und daher ihren Wert über eine längere Zeitperiode tragen. Das zirkulierende Kapital hingegen wird in Produktionsmittel investiert, die im Laufe eines Produktionszyklus verbraucht oder verbraucht werden und daher ihren Wert schneller übertragen.

Marx argumentiert, dass die Unterscheidung zwischen fixes und zirkulierendem Kapital von entscheidender Bedeutung ist, um die Dynamik der kapitalistischen Produktionsweise zu verstehen. Das fixes Kapital spielt eine zentrale Rolle bei der Entwicklung der Produktivkräfte, da es die Grundlage für die Einführung von Technologie und Maschinerie bildet. Es ermöglicht eine Steigerung der Arbeitsproduktivität und die Schaffung von Mehrwert.

Allerdings führt das fixes Kapital auch zu bestimmten Problemen und Widersprüchen, wie etwa der Unbeweglichkeit und Inflexibilität der Investitionen. Es kann zu Überakkumulation führen, wenn die Kapazitäten der Produktionsmittel die tatsächliche Nachfrage übersteigen. Dies kann zu Krisen und wirtschaftlichen Einbrüchen führen.

Das zirkulierende Kapital hingegen ist unmittelbar mit der Produktion von Waren verbunden und unterliegt den Gesetzen des Marktes, wie Angebot und Nachfrage. Es wird ständig reproduziert und erneuert.

Zusammenfassend lässt sich sagen, dass das Kapitel "Theorien über fixes und zirkulierendes Kapital" die verschiedenen Ansätze und Theorien zur Unterscheidung zwischen fixes und zirkulierendem Kapital in der kapitalistischen Produktionsweise behandelt. Marx entwickelt seine eigene Theorie, die auf dem Arbeitsprozess und dem Wertbegriff basiert. Die Unterscheidung zwischen fixes und zirkulierendem Kapital spielt eine zentrale Rolle für das Verständnis der Dynamik und Widersprüche der kapitalistischen Produktionsweise.

Die Arbeitsperiode

Das Kapitel "Die Arbeitsperiode" ist ein Teil des Buches "Das Kapital" von Karl Marx und behandelt die grundlegenden Konzepte und Aspekte der Arbeitsperiode in der kapitalistischen Produktionsweise.

Marx beginnt das Kapitel damit, die Bedeutung der Arbeitsperiode zu betonen und stellt fest, dass sie eine zentrale Rolle im Produktionsprozess spielt. Die Arbeitsperiode bezieht sich auf den Zeitraum, in dem die Arbeiter ihre Arbeitskraft tatsächlich einsetzen und Waren produzieren.

Marx erklärt, dass die Arbeitsperiode in zwei Komponenten unterteilt ist: die notwendige Arbeitszeit und die Mehrarbeitszeit. Die notwendige Arbeitszeit ist die Zeit, die die Arbeiter benötigen, um den Wert ihrer eigenen Arbeitskraft zu reproduzieren, das heißt, um ihren Lebensunterhalt zu verdienen. Die Mehrarbeitszeit hingegen ist die Zeit, in der die Arbeiter über die notwendige Arbeitszeit hinaus arbeiten und Mehrwert für den Kapitalisten schaffen.

Marx betont, dass die Arbeitsperiode nicht statisch ist, sondern von verschiedenen Faktoren beeinflusst wird, darunter die technologische Entwicklung, die Organisation der Arbeit und die Arbeitsbedingungen. Er erklärt, dass das Kapital ständig bestrebt ist, die Arbeitsperiode zu verlängern und so viel Mehrwert wie möglich aus der Arbeitskraft der Arbeiter herauszuholen.

Marx analysiert auch die Auswirkungen der Verlängerung der Arbeitsperiode auf die Arbeiterklasse. Er argumentiert, dass die Verlängerung der Arbeitsperiode zu einer Zunahme der Ausbeutung der Arbeiter führt und ihre Lebensbedingungen verschlechtert. Die Arbeiter werden gezwungen, immer längere Stunden zu arbeiten, um genug Lohn zum Überleben zu verdienen, während der Kapitalist den erzeugten Mehrwert für sich selbst aneignet.

Des Weiteren erklärt Marx, dass die Arbeitsperiode durch den Kampf zwischen Kapital und Arbeit geprägt ist. Die Arbeiter streben nach einer Verkürzung der Arbeitszeit, um ihre Lebensqualität zu verbessern und mehr Freizeit zu haben, während das Kapital bestrebt ist, die Arbeitszeit zu verlängern, um den Mehrwert zu maximieren.

Marx betont auch die Rolle des technologischen Fortschritts bei der Veränderung der Arbeitsperiode. Durch die Einführung von Maschinen und neuen Produktionsmethoden kann das Kapital die Produktivität steigern und die Arbeitszeit verkürzen. Allerdings führt dies paradoxerweise dazu, dass die Arbeiter immer mehr Mehrwert in einer kürzeren Zeit schaffen müssen.

Zusammenfassend lässt sich sagen, dass das Kapitel "Die Arbeitsperiode" im Buch "Das Kapital" von Karl Marx die Bedeutung und die Dynamik der Arbeitsperiode in der kapitalistischen

Produktionsweise behandelt. Marx unterscheidet zwischen notwendiger Arbeitszeit und Mehrarbeitszeit und zeigt auf, wie das Kapital bestrebt ist, die Arbeitszeit zu verlängern, um den Mehrwert zu steigern. Gleichzeitig betont er die Ausbeutung der Arbeiterklasse und den Kampf um eine verkürzte Arbeitszeit. Das Kapitel beleuchtet auch den Einfluss des technologischen Fortschritts auf die Arbeitsperiode und die Veränderungen in der Arbeitsorganisation.

Die Produktionszeit

Das Kapitel "Die Produktionszeit" ist ein Teil des Buches "Das Kapital" von Karl Marx und behandelt die Bedeutung und Auswirkungen der Produktionszeit in der kapitalistischen Produktionsweise.

Marx beginnt das Kapitel damit, die Produktionszeit als eine der zentralen Kategorien des kapitalistischen Produktionsprozesses zu erläutern. Die Produktionszeit umfasst den gesamten Zeitraum, der benötigt wird, um eine Ware herzustellen, von der Vorbereitung der Produktionsmittel bis zur Fertigstellung des Endprodukts.

Marx betont, dass die Produktionszeit aus verschiedenen Phasen besteht, darunter die Arbeitszeit, die für die direkte Produktion der Ware aufgewendet wird, und die unproduktive Zeit, die für andere Zwecke wie Wartung, Reparaturen oder den Austausch von Produktionsmitteln verwendet wird.

Ein wichtiger Aspekt der Produktionszeit ist die Durchlaufzeit, also die Zeit, die benötigt wird, um einen Produktionszyklus abzuschließen, von der Herstellung der Ware bis zu ihrer Verkaufsfähigkeit. Die Durchlaufzeit kann je nach Art der Produktion und den technologischen Bedingungen variieren und hat Auswirkungen auf die Geschwindigkeit des Kapitalumschlags.

Marx erklärt auch den Begriff der Produktionsperiode, der den Zeitraum umfasst, in dem eine bestimmte Menge an Waren produziert wird. Die Länge der Produktionsperiode hängt von verschiedenen Faktoren ab, einschließlich der Art des Produkts und der technologischen Bedingungen. Marx betont, dass das Kapital bestrebt ist, die Produktionszeit zu verkürzen, um den Kapitalumschlag zu beschleunigen und den Mehrwert schneller zu realisieren.

Des Weiteren diskutiert Marx die Auswirkungen der Produktionszeit auf die Arbeitsorganisation und die Arbeitsintensität. Er argumentiert, dass das Kapital bestrebt ist, die Arbeitszeit zu verkürzen und die Produktivität zu steigern, um den Mehrwert zu maximieren. Dies geschieht durch die Einführung von Maschinen und technologischen Innovationen, die die Arbeitszeit reduzieren und die Effizienz steigern können. Gleichzeitig führt die Verkürzung der Produktionszeit paradoxerweise dazu, dass die Arbeiter immer mehr Arbeit in einer kürzeren Zeit verrichten müssen.

Marx betont auch die Bedeutung der Koordination und Synchronisation der Produktionszeiten in einer Gesellschaft, in der viele verschiedene Unternehmen und Industrien existieren. Er erklärt, dass die soziale Koordination der Produktionszeiten eine wichtige Rolle für die reibungslose Funktion des kapitalistischen Systems spielt.

Zusammenfassend lässt sich sagen, dass das Kapitel "Die Produktionszeit" im Buch "Das Kapital" von Karl Marx die Bedeutung und die Auswirkungen der Produktionszeit in der kapitalistischen Produktionsweise behandelt. Marx unterscheidet zwischen Arbeitszeit und unproduktiver Zeit und zeigt auf, wie das Kapital bestrebt ist, die Produktionszeit zu verkürzen, um den Kapitalumschlag zu beschleunigen. Gleichzeitig betont er die Ausbeutung der Arbeiterklasse und den Zwang zur Steigerung der Arbeitsintensität. Das Kapitel beleuchtet auch die Bedeutung der Koordination der Produktionszeiten in einer Gesellschaft mit vielen verschiedenen Unternehmen.

Wirkung der Umschlagszeit des Kapitalvorschusses

Marx beginnt das Kapitel damit, die Umschlagszeit als den Zeitraum zu definieren, der benötigt wird, um das investierte Kapital in Waren zu verwandeln, diese zu verkaufen und den Verkaufserlös wieder in Kapital umzuwandeln. Die Umschlagszeit beeinflusst die Geschwindigkeit des Kapitalumschlags und somit die Rentabilität des Kapitals.

Marx argumentiert, dass die Länge der Umschlagszeit entscheidend für die Größe des Kapitalvorschusses ist. Je länger die Umschlagszeit ist, desto größer ist der Kapitalvorschuss, da das Kapital für einen längeren Zeitraum im Produktionsprozess gebunden ist, bevor es in Form von Zahlungen zurückfließt. Dieser Kapitalvorschuss umfasst die Kosten für Arbeitskräfte, Rohstoffe, Maschinen und andere Produktionsmittel.

Die Größe des Kapitalvorschusses hat Auswirkungen auf die Rentabilität des Kapitals. Marx erklärt, dass das Kapital umso rentabler ist, je kleiner der Kapitalvorschuss im Verhältnis zum erzielten Mehrwert ist. Wenn der Kapitalvorschuss groß ist, wird ein erheblicher Teil des Mehrwerts benötigt, um die Kosten des Kapitals zu decken, was die Profitrate verringert. Daher ist es im Interesse des Kapitals, die Umschlagszeit zu verkürzen und den Kapitalvorschuss zu reduzieren.

Marx betont, dass die Verkürzung der Umschlagszeit eng mit der Produktionszeit und der Produktionsorganisation verbunden ist. Durch die Einführung von Maschinen und technologischen Innovationen kann die Produktionszeit verkürzt werden, was wiederum die Umschlagszeit und den Kapitalvorschuss reduziert. Gleichzeitig führt die Verkürzung der Umschlagszeit paradoxerweise dazu, dass die Kapitalisten bestrebt sind, die Arbeitszeit der Arbeiter zu verlängern und die Arbeitsintensität zu erhöhen, um den Mehrwert zu maximieren.

Darüber hinaus diskutiert Marx die Rolle des Kredits und der Kreditverhältnisse bei der Beeinflussung der Umschlagszeit und des Kapitalvorschusses. Durch den Einsatz von Krediten können Kapitalisten den Kapitalvorschuss reduzieren, indem sie Geldmittel von Gläubigern leihen und erst zu einem späteren Zeitpunkt zurückzahlen. Dies ermöglicht es den Kapitalisten, den Produktionsprozess zu starten, ohne über ausreichend eigenes Kapital zu verfügen.

Zusammenfassend lässt sich sagen, dass das Kapitel "Wirkung der Umschlagszeit auf die Größe des Kapitalvorschusses" im Buch "Das Kapital" von Karl Marx die Auswirkungen der Umschlagszeit auf die Größe des Kapitalvorschusses in der kapitalistischen Produktionsweise behandelt. Marx erklärt, dass eine längere Umschlagszeit zu einem größeren Kapitalvorschuss führt und die Rentabilität des Kapitals verringert. Gleichzeitig zeigt er auf, wie die Verkürzung der Umschlagszeit und die Nutzung von Krediten dazu beitragen können, den Kapitalvorschuss zu reduzieren. Das Kapitel verdeutlicht die enge Verbindung zwischen Umschlagszeit, Kapitalvorschuss und Rentabilität des Kapitals in der kapitalistischen Wirtschaftsordnung.

Der Umschlag des variablen Kapitals
Das Kapitel "Der Umschlag des variablen Kapitals" ist Teil des Buches "Das Kapital" von Karl Marx und behandelt den Zyklus des variablen Kapitals in der kapitalistischen Produktionsweise.

Marx definiert zunächst das variable Kapital als den Teil des Kapitals, der für den Kauf von Arbeitskraft verwendet wird. Es handelt sich um den Lohn, den die Kapitalisten den Arbeitern zahlen, um ihre Arbeitskraft für eine bestimmte Zeit zu nutzen. Das variable Kapital unterscheidet sich vom konstanten Kapital, das für den Kauf von Produktionsmitteln wie Maschinen, Rohstoffen und Gebäuden verwendet wird.

Marx erklärt, dass das variable Kapital einem spezifischen Umschlagsprozess unterliegt. Der Umschlag des variablen Kapitals umfasst den Zeitraum, in dem die Arbeiter ihre Arbeitskraft an den Kapitalisten verkaufen, um Waren zu produzieren, und die Zeit, in der diese Waren verkauft werden, um den Wert des variablen Kapitals zu realisieren.

Der Zyklus des variablen Kapitals beginnt mit dem Kauf der Arbeitskraft durch den Kapitalisten. Die Arbeiter stellen ihre Arbeitskraft zur Verfügung und produzieren Waren, die einen Wert haben, der über dem Wert ihrer eigenen Arbeitskraft liegt. Dieser Mehrwert wird vom Kapitalisten angeeignet.

Nach der Produktion müssen die Waren auf dem Markt verkauft werden, um den Mehrwert zu realisieren. Die Umschlagszeit des variablen Kapitals umfasst den Zeitraum zwischen dem Beginn der Produktion und dem Verkauf der Waren. Je kürzer dieser Umschlag ist, desto schneller kann der Kapitalist den Mehrwert realisieren und reinvestieren.

Marx betont, dass die Umschlagszeit des variablen Kapitals von verschiedenen Faktoren abhängt. Dazu gehören die Art der produzierten Waren, die Nachfrage auf dem Markt, die Effizienz der Vertriebskanäle und die Konkurrenz zwischen den Kapitalisten. Eine verkürzte Umschlagszeit ermöglicht es dem Kapitalisten, den Mehrwert schneller zu akkumulieren und die Produktion auszuweiten.

Darüber hinaus analysiert Marx die Auswirkungen der Umschlagszeit auf die Arbeitsbedingungen und die Lebensbedingungen der Arbeiter. Er argumentiert, dass eine verkürzte Umschlagszeit in der Regel mit einer intensiveren Ausbeutung der Arbeitskraft einhergeht. Die Kapitalisten versuchen, die Arbeitszeit der Arbeiter zu verlängern und die Arbeitsintensität zu erhöhen, um den Mehrwert zu maximieren.

Zusammenfassend lässt sich sagen, dass das Kapitel "Der Umschlag des variablen Kapitals" im Buch "Das Kapital" von Karl Marx den Zyklus des variablen Kapitals in der kapitalistischen Produktionsweise behandelt. Marx zeigt auf, dass der Umschlag des variablen Kapitals den Kauf der Arbeitskraft, die Produktion von

Waren und den Verkauf dieser Waren umfasst. Eine verkürzte Umschlagszeit ermöglicht es den Kapitalisten, den Mehrwert schneller zu akkumulieren und die Produktion auszuweiten. Gleichzeitig weist Marx auf die Auswirkungen der verkürzten Umschlagszeit auf die Arbeitsbedingungen und Lebensbedingungen der Arbeiter hin. Das Kapitel verdeutlicht die zyklische Natur des variablen Kapitals und seine Rolle in der kapitalistischen Wirtschaftsordnung.

Die Zirkulation des Mehrwerts

Das Kapitel "Die Zirkulation des Mehrwerts" ist Teil des Buches "Das Kapital" von Karl Marx und beschäftigt sich mit dem Prozess der Zirkulation und Realisierung des Mehrwerts in der kapitalistischen Wirtschaft.

Marx beginnt das Kapitel damit, den Mehrwert als die Differenz zwischen dem Wert, den die Arbeiter durch ihre Arbeit schaffen, und dem Wert, den sie als Lohn erhalten, zu definieren. Der Mehrwert ist das fundamentale Konzept im kapitalistischen System, da er die Quelle des Profits für die Kapitalisten darstellt.

Marx erklärt, dass der Mehrwert zunächst in der Produktionsphase geschaffen wird, wenn die Arbeiter Waren produzieren, die einen Wert haben, der über dem Wert ihrer eigenen Arbeitskraft liegt. Diese Waren müssen jedoch erst in den Verkauf gehen, um den Mehrwert zu realisieren und in Kapital umzuwandeln.

Die Zirkulation des Mehrwerts umfasst daher den Prozess, in dem die produzierten Waren auf dem Markt verkauft werden. Marx argumentiert, dass dies keine bloße formale Aktivität ist, sondern einen entscheidenden Einfluss auf die Wirtschaft hat. Der Verkauf der Waren ermöglicht es den Kapitalisten, den Mehrwert in Geldform zu verwandeln und damit weiteres Kapital zu akkumulieren.

Marx untersucht verschiedene Aspekte der Zirkulation des Mehrwerts, darunter den Handel und die Rolle des Geldes. Er betont, dass der Handel als Bindeglied zwischen Produktion und Konsumtion fungiert und die Voraussetzung für den Austausch der Waren ist. Durch den Verkauf der Waren erhält der Kapitalist Geld, das er wieder in die Produktion investieren kann.

Ein weiterer wichtiger Aspekt der Zirkulation des Mehrwerts ist die Funktion des Geldes. Marx erklärt, dass das Geld nicht nur als allgemeines Tauschmittel dient, sondern auch als Maßstab für den Wert der Waren und als Reservoir von Wert und Kaufkraft. Der Wert der Waren wird durch den Preis ausgedrückt, der durch den Austausch von Geld und Ware bestimmt wird.

Marx diskutiert auch die Frage der Überproduktion und Krisen im Kapitalismus im Zusammenhang mit der Zirkulation des Mehrwerts. Er argumentiert, dass die kapitalistische Produktionsweise dazu neigt, periodische Überproduktionskrisen zu erzeugen, da das kapitalistische System darauf abzielt, den Mehrwert kontinuierlich zu steigern. Überproduktion entsteht, wenn die produzierten Waren nicht vollständig auf dem Markt verkauft werden können, was zu wirtschaftlichen Störungen und Krisen führt.

Zusammenfassend lässt sich sagen, dass das Kapitel "Die Zirkulation des Mehrwerts" im Buch "Das Kapital" von Karl Marx den Prozess der Zirkulation und Realisierung des Mehrwerts in der kapitalistischen Wirtschaft behandelt. Marx analysiert den Verkauf der produzierten Waren, den Handel und die Rolle des Geldes in diesem Prozess. Er betont die Bedeutung der Zirkulation des Mehrwerts für die Kapitalakkumulation und untersucht die Auswirkungen von Überproduktion und Krisen im kapitalistischen System. Das Kapitel verdeutlicht die Dynamik der kapitalistischen Wirtschaft und ihre inhärenten Widersprüche.

Die Reproduktion und Zirkulation des Gesamtkapitals
Das Kapitel "Die Reproduktion und Zirkulation des gesellschaftlichen Gesamtkapitals" ist Teil des Buches "Das Kapital" von Karl Marx und behandelt die Frage, wie das gesamte kapitalistische System aufrechterhalten und reproduziert wird.

Marx beginnt das Kapitel mit der Feststellung, dass die kapitalistische Produktion nicht nur einzelne Kapitalisten betrifft, sondern das gesamte gesellschaftliche Kapital. Die Produktion und der Austausch von Waren sind Teil eines komplexen Systems, das die gesamte Gesellschaft durchdringt.

Er erklärt, dass das gesellschaftliche Gesamtkapital aus zwei Hauptabteilungen besteht: der Abteilung I, die Produktionsmittel produziert (wie Maschinen, Rohstoffe usw.), und der Abteilung II, die Konsumgüter für die Arbeiterklasse und die Kapitalisten produziert. Diese beiden Abteilungen sind in einem komplexen Verhältnis zueinander und bilden die Grundlage für die Reproduktion des Kapitals.

Marx untersucht die zirkulatorischen Verbindungen zwischen den beiden Abteilungen und betont, dass die Reproduktion des Kapitals sowohl die Reproduktion der Produktionsmittel als auch die Reproduktion der Arbeitskraft umfasst. Die Arbeiterklasse muss genug Lohn erhalten, um ihre Arbeitskraft zu reproduzieren und ihre Konsumgüter zu kaufen. Gleichzeitig müssen die Kapitalisten genug Profit erzielen, um ihre Produktionsmittel zu reproduzieren und zu erweitern.

Marx analysiert den Austausch zwischen den beiden Abteilungen und erklärt, dass dies durch den Wert der Waren und die Verteilung des gesellschaftlichen Gesamtmehrwerts bestimmt wird. Er unterscheidet zwischen der individuellen und der gesellschaftlichen Reproduktion und zeigt auf, wie das kapitalistische System die Bedürfnisse der Arbeiterklasse und der Kapitalisten auf Kosten der Ausbeutung der Arbeiterschaft erfüllt.

Ein weiterer wichtiger Aspekt, den Marx behandelt, ist die Frage der Akkumulation des Kapitals. Er erklärt, dass das kapitalistische System dazu neigt, den Mehrwert zu akkumulieren und das Kapital kontinuierlich zu erweitern. Dies führt zur Konzentration von Kapital und zur Bildung von Monopolen, die wiederum die Wettbewerbsbedingungen beeinflussen.

Marx zeigt auf, dass die Reproduktion des gesellschaftlichen Gesamtkapitals nicht automatisch und reibungslos verläuft, sondern von Widersprüchen und Krisen durchzogen ist. Das kapitalistische System hat eine Tendenz zu Überproduktion und Überakkumulation, was zu wirtschaftlichen Störungen und Krisen führen kann.

Zusammenfassend lässt sich sagen, dass das Kapitel "Die Reproduktion und Zirkulation des gesellschaftlichen Gesamtkapitals" im Buch "Das Kapital" von Karl Marx die Frage der Aufrechterhaltung und Reproduktion des kapitalistischen Systems behandelt. Marx analysiert die zirkulatorischen Verbindungen zwischen den verschiedenen Abteilungen des gesellschaftlichen Kapitals und betont die Bedeutung der Reproduktion der Produktionsmittel und der Arbeitskraft. Er untersucht die Frage der Akkumulation des Kapitals und weist auf die Widersprüche und Krisen hin, die das kapitalistische System kennzeichnen. Das Kapitel verdeutlicht die Dynamik und die inhärenten Widersprüche des kapitalistischen Wirtschaftssystems.

Frühere Darstellungen des Gegenstandes

Das Kapitel "Frühere Darstellungen des Gegenstandes" ist ein Teil des Buches "Das Kapital" von Karl Marx. In diesem Kapitel setzt Marx sich mit früheren ökonomischen Theorien und Darstellungen des Gegenstandes, also des Kapitals, auseinander. Er zeigt die Mängel und Unvollständigkeiten dieser vorherigen Ansätze auf und legt seine eigene Analyse des Kapitalismus dar.

Marx beginnt das Kapitel mit der Betrachtung der klassischen politischen Ökonomie, insbesondere der Werke von Adam Smith und David Ricardo. Er erkennt an, dass diese Autoren wichtige Beiträge zur Analyse des kapitalistischen Systems geleistet haben, aber auch bestimmte Beschränkungen in ihren Theorien aufweisen. Marx kritisiert insbesondere die Tendenz dieser Autoren, den Wert der Waren ausschließlich auf die Arbeitszeit zu reduzieren, ohne die spezifischen Bedingungen des Kapitalverhältnisses zu berücksichtigen.

Marx argumentiert, dass die klassische politische Ökonomie den spezifischen Charakter des Kapitals als einer bestimmten sozialen Beziehungsform nicht vollständig erfasst hat. Er betont, dass das Kapitalverhältnis auf der Ausbeutung der Arbeitskraft beruht, wodurch ein Mehrwert geschaffen wird. Dieser Mehrwert bildet die Grundlage des kapitalistischen Systems und führt zur Entfremdung und Ausbeutung der Arbeiterklasse.

Darüber hinaus kritisiert Marx die Vorstellung, dass der Markt und das Gleichgewicht von Angebot und Nachfrage von Natur aus zu einer gerechten Verteilung führen würden. Er argumentiert, dass die unsichtbare Hand des Marktes nicht in der Lage ist, die Ungleichheiten und Widersprüche des kapitalistischen Systems zu überwinden. Marx hebt hervor, dass die kapitalistische Produktion von Natur aus widersprüchlich ist und zur Konzentration von Reichtum und Macht führt.

Marx geht auch auf andere Theorien und Vorstellungen ein, die sich mit dem Kapital befassten, wie beispielsweise die physiokratische Schule oder die Vulgärökonomie. Er zeigt auf, dass diese Ansätze ebenfalls ihre Grenzen und Widersprüche haben und keine umfassende Analyse des kapitalistischen Systems liefern.

Abschließend stellt Marx fest, dass die vorherigen Darstellungen des Gegenstandes des Kapitals unzureichend sind und eine tiefgreifende Analyse erfordern, um die grundlegenden Widersprüche und Ungerechtigkeiten des kapitalistischen Systems aufzudecken. Er erklärt, dass sein Werk, "Das Kapital", den Versuch darstellt, diese Analyse durchzuführen und eine umfassende Theorie des Kapitals zu entwickeln, die auf der Ausbeutung der Arbeitskraft und der Schaffung von Mehrwert basiert.

Zusammenfassend lässt sich sagen, dass das Kapitel "Frühere Darstellungen des Gegenstandes" im Buch "Das Kapital" von Karl Marx eine kritische Auseinandersetzung mit den vorherigen ökonomischen Theorien und Darstellungen des Kapitals darstellt.

Marx zeigt die Mängel und Unvollständigkeiten dieser Ansätze auf und betont die Notwendigkeit einer umfassenden Analyse des kapitalistischen Systems, die die spezifischen Bedingungen des Kapitalverhältnisses berücksichtigt. Das Kapitel dient als Einleitung für Marx' eigene Analyse des Kapitals und seiner Theorie des Kapitalismus.

Einfache Reproduktion

Das Kapitel "Einfache Reproduktion" ist ein Teil des Buches "Das Kapital" von Karl Marx. In diesem Kapitel untersucht Marx den Prozess der einfachen Reproduktion in der kapitalistischen Wirtschaft. Er analysiert, wie die Produktion und der Austausch von Waren organisiert sind und welche Auswirkungen dies auf die kapitalistische Gesellschaft hat.

Marx beginnt damit, die beiden Sphären der einfachen Reproduktion zu unterscheiden: die Abteilung I, die die Produktion von Mitteln des Konsums umfasst, und die Abteilung II, die die Produktion von Produktionsmitteln wie Maschinen und Rohstoffen umfasst. Marx erläutert, dass die Produktion in beiden Abteilungen voneinander abhängig ist und sich gegenseitig bedingt.

Der zentrale Punkt, den Marx hervorhebt, ist die Notwendigkeit des Austauschs zwischen den beiden Abteilungen. Die Arbeiter in der Abteilung I produzieren Konsumgüter für den Gebrauch, während die Arbeiter in der Abteilung II Produktionsmittel herstellen. Es entsteht ein Austauschverhältnis, bei dem die Produkte der einen Abteilung gegen die Produkte der anderen Abteilung ausgetauscht werden.

Marx zeigt, dass das Verhältnis von Konsumgütern zu Produktionsmitteln entscheidend ist für das Gleichgewicht und die Stabilität der kapitalistischen Wirtschaft. Wenn die Produktion in beiden Abteilungen im richtigen Verhältnis zueinander erfolgt, kann die einfache Reproduktion aufrechterhalten werden. Dies bedeutet, dass die Arbeiter in beiden Abteilungen ihre Grundbedürfnisse befriedigen können, während gleichzeitig die Produktion fortgesetzt wird.

Marx analysiert auch den Konsum der Kapitalistenklasse. Er stellt fest, dass die Kapitalisten einen Teil ihres Profits für ihren persönlichen Konsum verwenden, aber den Großteil ihres Einkommens wieder in die Produktion reinvestieren. Dies ist notwendig, um den Prozess der Akkumulation von Kapital aufrechtzuerhalten und das Wachstum der Wirtschaft zu ermöglichen.

Des Weiteren beleuchtet Marx die Rolle des Kredits in der einfachen Reproduktion. Er erklärt, dass der Kredit dazu dient, den Kapitalisten zusätzliches Kapital zur Verfügung zu stellen, um ihre Produktion auszuweiten. Dies ermöglicht es den Kapitalisten, neue Produktionsmittel zu erwerben und ihre Produktion zu steigern. Marx betont jedoch auch, dass der Kredit eine Quelle der Instabilität und Krise in der kapitalistischen Wirtschaft sein kann.

Abschließend stellt Marx fest, dass die einfache Reproduktion innerhalb der kapitalistischen Wirtschaft Grenzen hat. Die einfache Reproduktion kann nur das bestehende Niveau der Produktion aufrechterhalten, aber nicht zu ihrem Wachstum führen. Um das Wachstum des Kapitals und der Produktion zu ermöglichen, ist die Erweiterung der Reproduktion erforderlich, was in späteren Kapiteln des Buches behandelt wird.

Zusammenfassend lässt sich sagen, dass das Kapitel "Einfache Reproduktion" im Buch "Das Kapital" von Karl Marx den Prozess der Reproduktion in der kapitalistischen Wirtschaft analysiert. Marx zeigt, wie die Produktion und der Austausch von Waren zwischen den verschiedenen Abteilungen organisiert sind und wie die einfache Reproduktion aufrechterhalten wird. Er betont die Bedeutung des Gleichgewichts zwischen Konsumgütern und Produktionsmitteln sowie die Rolle des Kapitals und des Kredits in diesem Prozess. Das Kapitel dient als Grundlage für Marx' weitere Untersuchungen zur erweiterten Reproduktion und den Wachstumsmechanismen des Kapitalismus.

Akkumulation und erweiterte Reproduktion

Das Kapitel "Akkumulation und erweiterte Reproduktion" ist ein wichtiger Teil des Buches "Das Kapital" von Karl Marx. In diesem Kapitel analysiert Marx den Prozess der Kapitalakkumulation und untersucht, wie das Kapital in der kapitalistischen Wirtschaft wächst und sich reproduziert.

Marx beginnt damit, die grundlegende Funktion des Kapitals in der kapitalistischen Produktionsweise zu erklären. Das Kapital wird verwendet, um Mehrwert zu generieren, indem es in die Produktion investiert wird. Der Mehrwert entsteht durch die Ausbeutung der Arbeitskraft, wenn die Arbeiter mehr Wert schaffen, als sie als Lohn erhalten. Dieser Mehrwert wird vom Kapitalisten angeeignet und als Profit realisiert.

Marx betont, dass der Kapitalismus ein System ist, das auf ständiger Expansion und Akkumulation von Kapital beruht. Die Kapitalisten streben danach, ihren Profit zu steigern und ihr Kapital zu vermehren. Dies geschieht durch die Wiederinvestition des Profits in die Produktion, um die Produktionskapazität zu erweitern und die Produktion zu steigern.

Der zentrale Punkt, den Marx herausarbeitet, ist die Frage, wie die erweiterte Reproduktion des Kapitals in der kapitalistischen Wirtschaft möglich ist. Er erklärt, dass die erweiterte Reproduktion bedeutet, dass nicht nur der produzierte Wert reproduziert wird, um die laufende Produktion aufrechtzuerhalten, sondern auch ein Teil des Mehrwerts in die Produktion reinvestiert wird, um das Kapital zu akkumulieren.

Marx unterscheidet zwei Formen der Kapitalakkumulation: die einfache Reproduktion und die erweiterte Reproduktion. Bei der einfachen Reproduktion wird der produzierte Mehrwert lediglich zur Aufrechterhaltung des aktuellen Produktionsniveaus verwendet. Die erweiterte Reproduktion hingegen beinhaltet die Akkumulation des Mehrwerts, um das Kapital zu vergrößern und die Produktion auszuweiten.

Marx erklärt, dass die erweiterte Reproduktion von Kapital mit bestimmten Bedingungen verbunden ist. Zum einen muss es einen ausreichenden Markt für die zusätzlich produzierten Waren geben. Wenn die Märkte gesättigt sind und die Nachfrage nicht steigt, kann es zu Überproduktion und Krisen kommen. Zum anderen erfordert die erweiterte Reproduktion auch eine Erweiterung der Produktionsmittel, wie Maschinen, Fabriken und Rohstoffe, um das erhöhte Produktionsvolumen bewältigen zu können.

Marx geht auch auf die Rolle des Kredits in der Akkumulation ein. Der Kredit ermöglicht es den Kapitalisten, über ihre tatsächlichen Kapitalreserven hinaus zu investieren und die Produktion auszuweiten. Dies kann zu einem beschleunigten Wachstum des Kapitals führen, birgt jedoch auch das Risiko von Kreditkrisen und Instabilität in sich.

Ein weiteres wichtiges Thema, das Marx behandelt, ist die Konzentration und Zentralisation von Kapital. Durch die Akkumulation wächst das Kapital einzelner Kapitalisten und es entsteht eine Tendenz zur Konzentration von Kapital in den Händen weniger großer Kapitalisten. Dies kann zu einer Verdrängung kleinerer Kapitalisten führen und die Ungleichheit in der Gesellschaft verstärken.

Zusammenfassend lässt sich sagen, dass das Kapitel "Akkumulation und erweiterte Reproduktion" im Buch "Das Kapital" von Karl Marx den Prozess der Kapitalakkumulation und die Bedingungen für die erweiterte Reproduktion des Kapitals in der kapitalistischen Wirtschaft analysiert. Marx betont die Notwendigkeit eines ausreichenden Marktes, die Erweiterung der Produktionsmittel und die Rolle des Kredits in diesem Prozess. Das Kapitel zeigt die Dynamik des Kapitalismus und die Tendenzen zur Konzentration von Kapital auf, die mit der Akkumulation einhergehen. Es legt den Grundstein für Marx' weiterführende Untersuchungen zur kapitalistischen Produktionsweise und den damit verbundenen sozialen und ökonomischen Veränderungen.

Band 3

Kostpreis und Profit

Das Kapitel "Kostpreis und Profit" ist ein bedeutendes Kapitel im Buch "Das Kapital" von Karl Marx. In diesem Kapitel analysiert Marx die grundlegenden Konzepte des Kostpreises und des Profits und untersucht die Beziehung zwischen ihnen in der kapitalistischen Produktionsweise.

Marx beginnt damit, den Kostpreis zu definieren. Der Kostpreis bezeichnet die Summe der Wertbestandteile eines Produkts, die durch den Einsatz von Produktionsmitteln (Maschinen, Rohstoffe usw.) und Arbeitskraft entstehen. Der Kostpreis umfasst also den Wert der konstanten Kapitalanteile (Produktionsmittel) und den Wert der variablen Kapitalanteile (Arbeitskraft). Der Kostpreis stellt die Kosten dar, die für die Produktion eines Warenprodukts aufgewendet werden.

Marx erklärt weiterhin, dass der Kostpreis nicht identisch mit dem Wert des Produkts ist. Der Wert des Produkts wird durch die in ihm enthaltene gesellschaftlich notwendige Arbeitszeit bestimmt. Der Kostpreis ist hingegen der Wert, der in den Produktionsmitteln und der Arbeitskraft enthalten ist und auf das Produkt übertragen wird.

Marx unterscheidet zwischen absolutem und relativem Mehrwert, um den Profit zu erklären. Absoluter Mehrwert entsteht durch die Verlängerung der Arbeitszeit über die notwendige Arbeitszeit hinaus, während relativer Mehrwert durch die Steigerung der Produktivität der Arbeit entsteht. Der Profit ist der Mehrwert, der über den Kostpreis hinausgeht und vom Kapitalisten als Gewinn realisiert wird.

Marx betont, dass der Profit nicht einfach aus dem Kostpreis abgeleitet werden kann. Der Profit ist das Ergebnis der Ausbeutung der Arbeitskraft, bei der der Kapitalist die Differenz zwischen dem Wert, den die Arbeiter schaffen, und dem Wert ihrer eigenen Arbeitskraft als Lohn einbehält.

Weiterhin untersucht Marx die verschiedenen Formen des Profits, wie den kommerziellen Profit, den industriellen Profit und den Zins. Er zeigt auf, dass der Profit letztendlich aus der Ausbeutung der Arbeitskraft in der Produktion entsteht, auch wenn er in verschiedenen Sphären der kapitalistischen Wirtschaft realisiert wird.

Marx kritisiert auch die herrschende Vorstellung, dass der Profit durch geschicktes Unternehmertum oder Handelstätigkeiten erzielt wird. Er argumentiert, dass der Profit letztendlich auf der Ausbeutung der Arbeitskraft beruht und dass Unternehmer oder Händler lediglich Teile des Mehrwerts abschöpfen, die in der Produktion erzeugt wurden.

Zusammenfassend lässt sich sagen, dass das Kapitel "Kostpreis und Profit" im Buch "Das Kapital" von Karl Marx die Beziehung zwischen dem Kostpreis und dem Profit in der kapitalistischen Produktionsweise analysiert. Marx untersucht den Unterschied zwischen dem Wert des Produkts und dem Kostpreis, erklärt die Entstehung von Mehrwert und Profits durch die Ausbeutung der Arbeitskraft und zeigt auf, dass der Profit letztendlich aus der Produktion stammt. Das Kapitel enthüllt die grundlegenden Mechanismen der kapitalistischen Profitbildung und unterstreicht die zentrale Rolle der Ausbeutung der Arbeitskraft im kapitalistischen System.

Die Profitrate
Das Kapitel "Die Profitrate" im Buch "Das Kapital" von Karl Marx ist ein zentrales Kapitel, in dem Marx die Gesetzmäßigkeiten und Faktoren untersucht, die die Profitrate in der kapitalistischen Produktionsweise bestimmen.

Marx beginnt damit, dass die Profitrate das Verhältnis des Profits zum investierten Kapital ist. Er betont, dass die Profitrate für Kapitalisten von grundlegender Bedeutung ist, da sie ihre Entscheidungen über Investitionen und Akkumulation beeinflusst.

Marx argumentiert, dass die Profitrate in der kapitalistischen Wirtschaft tendenziell dazu neigt, im Laufe der Zeit zu fallen.

Um die Profitrate zu analysieren, unterscheidet Marx zwischen zwei Komponenten: dem konstanten Kapital und dem variablen Kapital. Das konstante Kapital besteht aus den Produktionsmitteln wie Maschinen und Rohstoffen, während das variable Kapital den Wert der Arbeitskraft repräsentiert. Die Profitrate wird durch die Differenz zwischen dem Mehrwert, den die Arbeiter schaffen, und dem investierten Kapital bestimmt.

Marx erklärt, dass die Kapitalisten bestrebt sind, die Profitrate zu erhöhen, indem sie die Arbeitsproduktivität steigern und die Lohnkosten senken. Dies geschieht durch den Einsatz von Maschinen und Technologie, um die Produktivität der Arbeit zu steigern und die Ausbeutung der Arbeitskraft zu intensivieren. Jedoch führt die Steigerung der Arbeitsproduktivität auch zur Verringerung des Werts, der in jedem einzelnen Produkt enthalten ist. Dies wiederum führt zur Tendenz des fallenden Profitanteils am investierten Kapital.

Marx untersucht auch die Auswirkungen der Konkurrenz auf die Profitrate. Er argumentiert, dass die Konkurrenz zwischen den Kapitalisten dazu führt, dass sie ständig bestrebt sind, ihre Produktivität zu steigern und ihre Kosten zu senken, um ihre Konkurrenzfähigkeit zu erhalten oder zu verbessern. Dies führt zu einem allgemeinen Druck auf die Profitrate, da die Kapitalisten gezwungen sind, einen Teil des Mehrwerts in Form von niedrigeren Preisen weiterzugeben, um ihre Marktstellung zu behaupten.

Marx betont jedoch, dass die Profitrate nicht linear fällt, sondern von verschiedenen Faktoren abhängt, darunter auch historische und zyklische Bedingungen. Er erklärt, dass es Phasen gibt, in denen die Profitrate vorübergehend steigt, beispielsweise während wirtschaftlicher Aufschwünge oder durch die Ausbeutung von Arbeitskräften in kolonialisierten Ländern. Dennoch betont Marx die langfristige Tendenz zur Fall der Profitrate aufgrund der internen Widersprüche des kapitalistischen Systems.

Insgesamt zeigt das Kapitel "Die Profitrate" die grundlegenden Gesetzmäßigkeiten und Tendenzen der Profitrate in der kapitalistischen Produktionsweise auf. Marx analysiert die verschiedenen Faktoren, die die Profitrate beeinflussen, wie die Steigerung der Arbeitsproduktivität, die Ausbeutung der Arbeitskraft und den Wettbewerb zwischen den Kapitalisten. Er argumentiert, dass die Profitrate tendenziell dazu neigt, im Laufe der Zeit zu fallen, was ein inhärentes Merkmal des kapitalistischen Systems ist. Diese Analyse legt den Grundstein für Marx' umfassende Kritik an der kapitalistischen Produktionsweise und zeigt die inhärente Instabilität und Ungleichheit des Systems auf.

Verhältnis der Profitrate zur Mehrwertsrate
Das Kapitel "Verhältnis der Profitrate zur Mehrwertsrate" im Buch "Das Kapital" von Karl Marx untersucht das Verhältnis zwischen der Profitrate und der Mehrwertsrate in der kapitalistischen Produktionsweise.

Marx beginnt damit, dass die Mehrwertsrate das Verhältnis des Mehrwerts zum investierten Kapital ist, während die Profitrate das Verhältnis des Profits zum investierten Kapital ist. Marx zeigt, dass die Profitrate immer niedriger ist als die Mehrwertsrate. Das liegt daran, dass der Profit nicht nur aus dem Mehrwert besteht, sondern auch das investierte konstante Kapital berücksichtigt werden muss, das den Wert der Produktionsmittel darstellt.

Marx argumentiert, dass das Verhältnis zwischen der Profitrate und der Mehrwertsrate von der organischen Zusammensetzung des Kapitals abhängt. Die organische Zusammensetzung des Kapitals bezieht sich auf das Verhältnis des konstanten Kapitals zum variablen Kapital. Wenn das konstante Kapital im Vergleich zum variablen Kapital dominiert, ist die organische Zusammensetzung hoch. In diesem Fall wird die Profitrate niedriger sein als die Mehrwertsrate. Umgekehrt, wenn das variable Kapital im Vergleich zum konstanten Kapital dominierend ist, ist die organische Zusammensetzung niedrig und die Profitrate wird höher sein als die Mehrwertsrate.

Marx erklärt, dass die organische Zusammensetzung des Kapitals durch die Entwicklung der Produktivkräfte beeinflusst wird. Die Einführung von Maschinen und Technologie erhöht das konstante Kapital und führt zu einer höheren organischen Zusammensetzung. Dies führt dazu, dass die Profitrate tendenziell niedriger ist als die Mehrwertsrate.

Des Weiteren diskutiert Marx die Auswirkungen von Veränderungen in der organischen Zusammensetzung des Kapitals auf die Profitrate. Wenn die organische Zusammensetzung zunimmt, was durch technologischen Fortschritt oder Kapitalakkumulation geschieht, fällt die Profitrate. Dies liegt daran, dass die Steigerung des konstanten Kapitals den Wert des investierten Kapitals erhöht, während der Mehrwert, der von den Arbeitern geschaffen wird, unverändert bleibt. Dadurch wird der Profitanteil am investierten Kapital verringert.

Marx betont jedoch, dass die organische Zusammensetzung des Kapitals nicht konstant ist, sondern historischen und branchenspezifischen Schwankungen unterliegt. Die Entwicklung der Produktivkräfte und die Klassenkämpfe zwischen Kapital und Arbeit beeinflussen die Veränderungen in der organischen Zusammensetzung und somit auch die Profitrate.

Zusammenfassend lässt sich sagen, dass das Kapitel "Verhältnis der Profitrate zur Mehrwertsrate" das komplexe Verhältnis zwischen Profitrate, Mehrwertsrate und der organischen Zusammensetzung des Kapitals untersucht. Marx zeigt, dass die Profitrate immer niedriger ist als die Mehrwertsrate, aufgrund der Berücksichtigung des konstanten Kapitals. Die organische Zusammensetzung des Kapitals spielt eine entscheidende Rolle bei der Bestimmung des Verhältnisses zwischen Profitrate und Mehrwertsrate, wobei eine höhere organische Zusammensetzung zu einer niedrigeren

Profitrate führt. Diese Analyse verdeutlicht die strukturellen Ungleichheiten und Widersprüche des kapitalistischen Systems und trägt zur Gesamtkritik von Marx an der kapitalistischen Produktionsweise bei.

Wirkung des Umschlags auf die Profitrate
Das Kapitel "Wirkung des Umschlags auf die Profitrate" im Buch "Das Kapital" von Karl Marx untersucht die Auswirkungen des Umschlags des Kapitals auf die Profitrate in der kapitalistischen Produktionsweise.

Marx beginnt damit, dass der Umschlag des Kapitals die Geschwindigkeit beschreibt, mit der das Kapital in einem bestimmten Zeitraum umgesetzt wird. Der Umschlag des Kapitals ist von entscheidender Bedeutung für die Profitrate, da er die Häufigkeit beeinflusst, mit der der Kapitalist den Mehrwert realisiert und in Profit umwandelt.

Marx argumentiert, dass eine schnellere Umschlagzeit des Kapitals tendenziell zu einer höheren Profitrate führt. Dies liegt daran, dass bei einem schnellen Umschlag des Kapitals der Kapitalist den Mehrwert schneller realisieren und wieder in die Produktion investieren kann. Dadurch wird der Profitanteil am investierten Kapital erhöht.

Marx betont jedoch, dass der Umschlag des Kapitals von verschiedenen Faktoren abhängt. Zum einen spielt die Natur des produzierten Produkts eine Rolle. Einige Waren haben eine längere Umschlagzeit als andere. Zum Beispiel kann es länger dauern, ein Haus zu verkaufen als eine Tasse Kaffee. Darüber hinaus beeinflussen auch die Marktbedingungen den Umschlag des Kapitals. Eine hohe Nachfrage nach einem Produkt kann zu einem schnellen Umschlag führen, während eine geringe Nachfrage zu einem langsameren Umschlag führt.

Marx hebt auch hervor, dass die Umschlagszeit des Kapitals durch den technologischen Fortschritt verkürzt werden kann. Die

Einführung neuer Produktionsmethoden und Maschinen kann dazu beitragen, die Produktionszeit zu verkürzen und den Umschlag des Kapitals zu beschleunigen.

Des Weiteren analysiert Marx die Beziehung zwischen der Umschlagszeit und der Dauer der Arbeitsperiode. Die Umschlagszeit des Kapitals wird durch die Zeit bestimmt, die benötigt wird, um die Arbeitsperiode abzuschließen, dh die Zeit, die benötigt wird, um das Kapital in Waren umzuwandeln. Eine längere Arbeitsperiode führt zu einer längeren Umschlagszeit und kann die Profitrate verringern.

Marx stellt fest, dass die Verkürzung der Umschlagszeit des Kapitals ein wichtiges Interesse des Kapitals ist, da dies zu einer höheren Profitrate führen kann. Kapitalisten streben danach, die Umschlagszeit zu verkürzen, um den Mehrwert schneller zu realisieren und den Profit zu maximieren.

Zusammenfassend lässt sich sagen, dass das Kapitel "Wirkung des Umschlags auf die Profitrate" die Bedeutung des Umschlags des Kapitals für die Profitrate untersucht. Eine schnellere Umschlagzeit des Kapitals kann tendenziell zu einer höheren Profitrate führen, da der Mehrwert schneller realisiert wird. Die Umschlagszeit des Kapitals wird jedoch von verschiedenen Faktoren beeinflusst, darunter die Natur des produzierten Produkts, die Marktbedingungen und der technologische Fortschritt. Die Analyse des Umschlags des Kapitals trägt zur umfassenden Kritik von Marx an der kapitalistischen Produktionsweise bei und verdeutlicht die strukturellen Ungleichheiten und Widersprüche innerhalb des Systems.

Ökonomie in der Anwendung des konstanten Kapitals

Das Kapitel "Ökonomie in der Anwendung des konstanten Kapitals" im Buch "Das Kapital" von Karl Marx behandelt die wirtschaftlichen Aspekte der Anwendung des konstanten Kapitals in der kapitalistischen Produktion.

Marx beginnt mit der Unterscheidung zwischen dem variablen Kapital, das für die Bezahlung der Arbeitskraft verwendet wird, und dem konstanten Kapital, das aus den Produktionsmitteln besteht, wie Maschinen, Gebäuden, Rohstoffen usw. Das konstante Kapital wird im Produktionsprozess abgenutzt und geht in die Warenproduktion ein, während das variable Kapital in Form von Arbeitskraft in die Produktion einfließt.

Marx argumentiert, dass die Verwendung des konstanten Kapitals eine ökonomische Besonderheit aufweist. Im Gegensatz zur Arbeitskraft ist das konstante Kapital nicht in der Lage, Mehrwert zu produzieren. Das konstante Kapital trägt zur Produktion bei, indem es als Werkzeug oder Material verwendet wird, aber es schafft keinen neuen Wert. Der Wert des konstanten Kapitals wird lediglich auf die hergestellten Waren übertragen.

Marx betont jedoch, dass das konstante Kapital einen Wertverlust erfährt, da es im Produktionsprozess abgenutzt wird. Dieser Wertverlust wird als Abnutzung bezeichnet und beeinflusst den Produktionsprozess und die Warenpreise. Die Abnutzung des konstanten Kapitals wird als eine der Formen des Wertverlusts betrachtet, die mit der Produktion verbunden sind.

Eine wichtige ökonomische Frage in Bezug auf das konstante Kapital ist die Berechnung der Kosten seiner Anwendung. Marx erklärt, dass die Kosten des konstanten Kapitals in die Waren eingehen müssen, um den Wertverlust auszugleichen. Dies wird durch die Abschreibung des konstanten Kapitals erreicht, bei der ein Teil seines Werts auf die hergestellten Waren übertragen wird. Die Abschreibung ist eine Methode, um den Wertverlust des konstanten Kapitals zu erfassen und in die Berechnung der Warenpreise einzubeziehen.

Des Weiteren untersucht Marx die Auswirkungen der unterschiedlichen Umlaufzeiten des konstanten Kapitals auf die Produktion. Je länger die Umlaufzeit des konstanten Kapitals ist, desto mehr Wertverluste treten auf, da das Kapital länger im

Produktionsprozess gebunden ist. Dies kann zu höheren Kosten führen und die Profitrate beeinflussen.

Marx argumentiert auch, dass die Effizienz in der Anwendung des konstanten Kapitals von großer Bedeutung ist, um den Wertverlust zu minimieren und die Produktivität zu steigern. Durch die Einführung neuer Technologien und Produktionsmethoden kann der Wertverlust des konstanten Kapitals reduziert werden.

Zusammenfassend lässt sich sagen, dass das Kapitel "Ökonomie in der Anwendung des konstanten Kapitals" die wirtschaftlichen Aspekte der Verwendung des konstanten Kapitals in der kapitalistischen Produktion analysiert. Das konstante Kapital trägt zur Produktion bei, schafft jedoch keinen Mehrwert. Es unterliegt einem Wertverlust durch Abnutzung, der durch die Abschreibung in die Berechnung der Warenpreise einbezogen wird. Die Umlaufzeit des konstanten Kapitals und seine effiziente Anwendung spielen eine Rolle bei der Bestimmung der Kosten und der Produktivität. Die Untersuchung dieser ökonomischen Aspekte trägt zur umfassenden Analyse des kapitalistischen Produktionsprozesses bei und verdeutlicht die inhärenten Widersprüche und Ungleichheiten in diesem System.

Wirkung von Preiswechsel

Das Kapitel "Wirkung von Preiswechsel" im Buch "Das Kapital" von Karl Marx behandelt die Auswirkungen von Preisänderungen auf die kapitalistische Produktionsweise und die Verteilung des Mehrwerts.

Marx argumentiert, dass Preisänderungen einen direkten Einfluss auf die Profitrate und die Verteilung des Mehrwerts zwischen den verschiedenen Klassen haben. Er betrachtet zunächst den Fall, in dem die Preise der Produktionsmittel steigen. Wenn die Kosten für Rohstoffe, Maschinen oder andere Produktionsmittel steigen, führt dies zu einem höheren Wert des konstanten Kapitals. Dieser höhere Wert wird auf die hergestellten Waren übertragen und erhöht den Wert der Waren insgesamt. Als Folge davon sinkt die

Profitrate, da der Mehrwert nun auf eine größere Kapitalmenge verteilt wird. Die Kapitalisten erhalten einen geringeren Anteil des produzierten Mehrwerts als Profit.

Umgekehrt, wenn die Preise der Produktionsmittel fallen, sinkt der Wert des konstanten Kapitals und die Profitrate steigt. Die Kapitalisten erhalten einen größeren Anteil des Mehrwerts als Profit. Marx betont jedoch, dass diese Änderungen der Profitrate nicht unmittelbar mit den Veränderungen der Preise der Produktionsmittel übereinstimmen. Es gibt eine Verzögerung, da die Preise der fertigen Waren nicht sofort an die Veränderungen der Produktionsmittelpreise angepasst werden.

Marx untersucht auch die Auswirkungen von Preisänderungen auf die Verteilung des Mehrwerts zwischen den verschiedenen Zweigen der Produktion. Wenn die Preise der Produktionsmittel in einem bestimmten Zweig steigen, führt dies zu einer geringeren Profitrate in diesem Zweig im Vergleich zu anderen Zweigen. Dadurch werden Kapital und Arbeitskraft aus diesem Zweig in Bereiche mit höheren Profitraten verlagert. Auf diese Weise reguliert der Markt die Verteilung von Kapital und Arbeitskraft zwischen den verschiedenen Sektoren der Wirtschaft.

Ein weiterer Aspekt, den Marx betrachtet, ist die Möglichkeit von Preissenkungen aufgrund technologischer Fortschritte. Wenn beispielsweise neue Maschinen entwickelt werden und die Produktionskosten sinken, kann dies zu Preissenkungen führen. Marx argumentiert, dass diese Preissenkungen den Arbeitern zugutekommen sollten, indem die Preise der Konsumgüter fallen und ihr Lebensstandard steigt. Allerdings führt die kapitalistische Produktionsweise dazu, dass die Preissenkungen in erster Linie den Kapitalisten als höherem Profit zugutekommen, während die Löhne der Arbeiter nicht entsprechend steigen.

Zusammenfassend lässt sich sagen, dass das Kapitel "Wirkung von Preiswechsel" die Auswirkungen von Preisänderungen auf die Profitrate, die Verteilung des Mehrwerts und die Verteilung von

Kapital und Arbeit untersucht. Preisänderungen bei den Produktionsmitteln beeinflussen den Wert des konstanten Kapitals und haben direkte Auswirkungen auf die Profitrate. Preissenkungen aufgrund technologischer Fortschritte sollten den Arbeitern zugutekommen, werden aber oft von den Kapitalisten als höherem Profit angeeignet. Diese Analyse verdeutlicht die Ungleichheiten und Widersprüche der kapitalistischen Produktionsweise und zeigt, wie die Preisbildung und die Verteilung des Mehrwerts von ökonomischen Faktoren bestimmt werden.

Verschiedne Zusammensetzung der Kapitale

Das Kapitel "Verschiedne Zusammensetzung der Kapitale in verschiednen Produktionszweigen und daher folgende Verschiedenheit der Profitraten" im Buch "Das Kapital" von Karl Marx behandelt die unterschiedlichen Kapitalzusammensetzungen und daraus resultierenden Profitraten in verschiedenen Produktionszweigen.

Marx argumentiert, dass Kapital unterschiedlich zusammengesetzt ist, je nachdem, in welchem Produktionszweig es eingesetzt wird. Die Kapitalzusammensetzung bezieht sich auf das Verhältnis zwischen konstantem Kapital (Produktionsmittel wie Maschinen, Rohstoffe) und variablem Kapital (Arbeitskraft) in einem bestimmten Produktionsprozess.

Marx zeigt auf, dass verschiedene Produktionszweige unterschiedliche Kapitalzusammensetzungen haben. Einige Industrien erfordern einen höheren Anteil an konstantem Kapital, wie z.B. die Maschinenbauindustrie, während andere mehr variablem Kapital unterliegen, wie z.B. die Textilindustrie. Dies bedeutet, dass in bestimmten Branchen ein größerer Anteil des investierten Kapitals in Produktionsmitteln gebunden ist, während in anderen Branchen ein größerer Anteil für die Lohnkosten verwendet wird.

Diese unterschiedlichen Kapitalzusammensetzungen führen zu unterschiedlichen Profitraten in den verschiedenen

Produktionszweigen. Marx erklärt dies anhand eines Beispiels: Wenn wir annehmen, dass in einem Produktionszweig das Verhältnis von konstantem Kapital zu variablem Kapital 4:1 beträgt und in einem anderen Produktionszweig das Verhältnis 2:1 beträgt, dann wird der Mehrwert in dem ersten Produktionszweig auf eine größere Kapitalmenge verteilt und die Profitrate wird niedriger sein als im zweiten Produktionszweig.

Diese Unterschiede in den Profitraten führen dazu, dass Kapital aus Branchen mit niedrigerer Profitrate abgezogen und in Branchen mit höherer Profitrate investiert wird. Dadurch findet eine Umverteilung von Kapital und Arbeit zwischen den verschiedenen Branchen statt, bis ein Gleichgewicht der Profitraten erreicht ist. Dieser Prozess wird von Marx als "Ausgleich der Profitraten" bezeichnet.

Marx betont jedoch, dass der Ausgleich der Profitraten kein vollständiger Ausgleich ist. Es bleibt immer eine gewisse Differenz bestehen, da die unterschiedlichen Kapitalzusammensetzungen fortbestehen und die Produktionsbedingungen in den verschiedenen Branchen nicht identisch sind. Zudem beeinflussen auch andere Faktoren wie die Konkurrenz und die Marktmacht der Kapitalisten die Profitraten.

Zusammenfassend lässt sich sagen, dass das Kapitel "Verschiedne Zusammensetzung der Kapitale in verschiednen Produktionszweigen und daher folgende Verschiedenheit der Profitraten" die Bedeutung der unterschiedlichen Kapitalzusammensetzungen in verschiedenen Branchen und ihre Auswirkungen auf die Profitraten untersucht. Die unterschiedlichen Kapitalzusammensetzungen führen zu einer Umverteilung von Kapital und Arbeit zwischen den Branchen, bis ein gewisser Ausgleich der Profitraten erreicht ist. Dieser Ausgleich ist jedoch nicht vollständig und es bleiben immer Unterschiede bestehen. Diese Analyse unterstreicht die komplexe Dynamik des kapitalistischen Systems und die Rolle, die die Kapitalzusammensetzung bei der Bestimmung der Profitraten spielt.

Bildung einer allgemeinen Profitrate

Das Kapitel "Bildung einer allgemeinen Profitrate und Verwandlung der Warenwerte in Produktionspreise" im Buch "Das Kapital" von Karl Marx behandelt die Transformation der Warenwerte in Produktionspreise und die Bildung einer allgemeinen Profitrate.

Marx beginnt mit der Feststellung, dass die Warenwerte im kapitalistischen System durch die aufgewendete Arbeitszeit bestimmt werden. Jeder Warenwert setzt sich aus zwei Teilen zusammen: dem konstanten Kapital (Produktionsmittel) und dem variablen Kapital (Arbeitskraft). Die Warenpreise werden jedoch nicht direkt durch die Warenwerte bestimmt, sondern durch die Produktionspreise, die durch die Kombination von Warenwerten und Profit entstehen.

Marx argumentiert, dass in einer kapitalistischen Wirtschaft jedes Kapital nach einer bestimmten Profitrate strebt. Die Profitrate wird als Verhältnis des erzielten Profits zum investierten Kapital berechnet. Da die Profitrate das Hauptinteresse der Kapitalisten ist, müssen die Warenwerte in Produktionspreise umgewandelt werden, um die Profitraten in verschiedenen Branchen auszugleichen.

Die Umwandlung der Warenwerte in Produktionspreise basiert auf der Bildung einer durchschnittlichen oder allgemeinen Profitrate. Marx erklärt, dass die allgemeine Profitrate durch den gesellschaftlichen Durchschnitt des Profits auf das gesamte Kapital bestimmt wird. Dieser Durchschnittsprofit wird auf das gesamte Kapital verteilt, basierend auf den unterschiedlichen Kapitalzusammensetzungen und den individuellen Profitraten der verschiedenen Branchen.

Marx zeigt, dass bei der Umwandlung der Warenwerte in Produktionspreise diejenigen Branchen, die eine höhere Profitrate erzielen, einen Teil ihres Profits an Branchen mit niedrigerer Profitrate abgeben müssen. Dies geschieht durch die Erhöhung der Produktionspreise in den Branchen mit niedrigerer Profitrate. Auf diese Weise wird die allgemeine Profitrate hergestellt und die Unterschiede in den Profitraten zwischen den Branchen ausgeglichen.

Die Umwandlung der Warenwerte in Produktionspreise hat wichtige Auswirkungen auf die Verteilung des Mehrwerts und die Kapitalakkumulation. Durch die Veränderung der Preise wird der Mehrwert von den Branchen mit niedriger Profitrate zu den Branchen mit höherer Profitrate umverteilt. Dies hat auch Auswirkungen auf die relative Stärke der verschiedenen Kapitalisten in der Konkurrenz.

Marx betont jedoch, dass die Umwandlung der Warenwerte in Produktionspreise nicht bedeutet, dass die Ausbeutung der Arbeitskraft verschwindet. Der Mehrwert wird weiterhin aus der unbezahlten Arbeit der Arbeiterklasse generiert. Die Umwandlung der Warenwerte in Produktionspreise ändert lediglich die Form, in der der Mehrwert zwischen den Kapitalisten verteilt wird.

Zusammenfassend lässt sich sagen, dass das Kapitel "Bildung einer allgemeinen Profitrate und Verwandlung der Warenwerte in Produktionspreise" die Transformation der Warenwerte in Produktionspreise und die Bildung einer allgemeinen Profitrate behandelt. Die Umwandlung der Warenwerte in Produktionspreise ermöglicht einen Ausgleich der Profitraten zwischen den verschiedenen Branchen und beeinflusst die Verteilung des Mehrwerts. Diese Analyse zeigt die komplexe Dynamik des kapitalistischen Systems und wie die Preise und Profite durch die Kombination von Warenwerten und Profiten bestimmt werden.

Ausgleichung der allgemeinen Profitrate durch die Konkurrenz
Das Kapitel "Ausgleichung der allgemeinen Profitrate durch die Konkurrenz. Marktpreise und Marktwerte. Surplusprofit" im Buch "Das Kapital" von Karl Marx behandelt den Prozess der Ausgleichung der allgemeinen Profitrate in einem kapitalistischen System. Marx beschreibt, wie die Konkurrenz zwischen den Kapitalisten dazu führt, dass die Profitraten in verschiedenen

Branchen ausgeglichen werden, und diskutiert die Konzepte von Marktpreisen, Marktwerten und Surplusprofit.

Marx betont, dass in einer kapitalistischen Wirtschaft die Konkurrenz zwischen den Kapitalisten ein entscheidender Faktor ist, der die Ausgleichung der Profitraten vorantreibt. Da Kapitalisten nach Profit streben, werden sie dazu gedrängt, in Branchen mit höheren Profitraten zu investieren und aus Branchen mit niedrigeren Profitraten abzuziehen. Dieser Kapitalfluss führt dazu, dass die Kapitalbewegungen in Richtung Branchen mit niedrigeren Profitraten zunehmen, was letztendlich zu einer Angleichung der Profitraten führt.

Marx argumentiert, dass die Ausgleichung der Profitraten durch die Konkurrenz auf zwei Arten erfolgt: durch eine Anpassung der Marktpreise und durch eine Anpassung der Marktwerte der Waren. Marktpreise werden durch Angebot und Nachfrage bestimmt und können von den Warenwerten abweichen. Wenn in einer Branche die Nachfrage das Angebot übersteigt, steigen die Marktpreise über die Warenwerte hinaus und führen zu einer höheren Profitrate in dieser Branche. Umgekehrt führt eine geringere Nachfrage zu niedrigeren Marktpreisen und einer niedrigeren Profitrate.

Der Ausgleich der Profitraten erfolgt auch durch eine Anpassung der Marktwerte. Marktwerte werden durch die aufgewendete gesellschaftlich notwendige Arbeitszeit zur Produktion einer Ware bestimmt. Wenn eine Branche aufgrund technologischer Fortschritte in der Lage ist, Waren mit weniger Arbeitszeit herzustellen, sinken die Marktwerte dieser Waren. Dadurch steigt die Profitrate in dieser Branche, da der Profit aus dem Unterschied zwischen den Marktwerten und den Produktionskosten besteht.

Marx führt auch den Begriff des Surplusprofits ein. Surplusprofit entsteht in Branchen, in denen die Produktionsbedingungen günstiger sind als der gesellschaftliche Durchschnitt. Dies kann auf verschiedene Faktoren wie natürliche Ressourcen, monopolistische Kontrolle oder technologische Überlegenheit zurückzuführen sein.

Der Surplusprofit ermöglicht es den Kapitalisten, überdurchschnittliche Gewinne zu erzielen und sich einen Wettbewerbsvorteil zu verschaffen. Mit der Zeit wird jedoch die Konkurrenz dazu führen, dass der Surplusprofit abnimmt und die Profitraten sich angleichen.

Die Ausgleichung der allgemeinen Profitrate durch die Konkurrenz ist ein dynamischer Prozess, der ständigen Veränderungen unterworfen ist. Marx betont, dass diese Ausgleichung nicht bedeutet, dass alle Kapitalisten denselben Profit erzielen, sondern dass die Unterschiede in den Profitraten zwischen den Branchen reduziert werden. Dennoch bleibt die Ausbeutung der Arbeitskraft bestehen, da der Profit immer noch aus dem unbezahlten Mehrwert der Arbeiterklasse resultiert.

Zusammenfassend lässt sich sagen, dass das Kapitel "Ausgleichung der allgemeinen Profitrate durch die Konkurrenz. Marktpreise und Marktwerte. Surplusprofit" die Mechanismen untersucht, wie die Konkurrenz zwischen den Kapitalisten zur Ausgleichung der Profitraten führt. Durch eine Anpassung der Marktpreise und Marktwerte sowie durch den Wettbewerb um Surplusprofit werden die Unterschiede in den Profitraten zwischen den Branchen verringert. Dieser Prozess zeigt die komplexe Dynamik des kapitalistischen Systems und wie die Konkurrenz die Verteilung des Profits beeinflusst.

Schwankungen des Arbeitslohns auf die Produktionspreise
Das Kapitel "Wirkungen allgemeiner Schwankungen des Arbeitslohns auf die Produktionspreise" im Buch "Das Kapital" von Karl Marx behandelt die Auswirkungen von Veränderungen des Arbeitslohns auf die Produktionspreise. Marx analysiert, wie die Lohnkosten als Bestandteil der Produktionskosten die Preise der Waren beeinflussen und letztendlich die Verteilung des Mehrwerts zwischen Kapitalisten und Arbeitern beeinflussen.

Marx betont, dass der Arbeitslohn eine entscheidende Rolle in der kapitalistischen Produktion spielt, da er den Wert der Arbeitskraft repräsentiert. Die Arbeitskraft wird als Ware auf dem Arbeitsmarkt gehandelt und ihr Wert wird durch die zur Erhaltung und Reproduktion des Arbeiters notwendige Menge an Waren und Dienstleistungen bestimmt. Der Arbeitslohn wird jedoch nicht auf der Grundlage des vollen Werts der Arbeitskraft festgelegt, sondern durch den Kampf zwischen Kapitalisten und Arbeitern um die Verteilung des Mehrwerts.

Marx unterscheidet zwischen dem absoluten und dem relativen Arbeitslohn. Der absolute Arbeitslohn bezieht sich auf die Menge der Güter und Dienstleistungen, die ein Arbeiter für seine Arbeitskraft erhält. Der relative Arbeitslohn hingegen bezieht sich auf den Anteil des Mehrwerts am Gesamtwert der produzierten Waren. Marx argumentiert, dass eine Senkung des absoluten Arbeitslohns die Profitrate der Kapitalisten erhöhen kann, da die Produktionskosten sinken. Eine Erhöhung des relativen Arbeitslohns hingegen führt zu einem Anstieg des Mehrwertsanteils und einer Senkung der Profitrate.

Marx diskutiert auch die möglichen Auswirkungen allgemeiner Schwankungen des Arbeitslohns auf die Produktionspreise. Wenn der Arbeitslohn steigt, werden die Produktionskosten erhöht, was dazu führen kann, dass die Kapitalisten die Preise ihrer Waren erhöhen, um ihre Profitrate aufrechtzuerhalten. Dies könnte jedoch zu einem Wettbewerbsnachteil führen, da die Preiserhöhung die Nachfrage nach den Waren beeinflussen kann. Auf der anderen Seite können niedrigere Löhne zu niedrigeren Produktionskosten führen und die Profitrate steigern. Dieser Zusammenhang zwischen Arbeitslohn, Produktionspreisen und Profitrate verdeutlicht die komplexe Wechselwirkung zwischen Kapitalisten und Arbeitern im kapitalistischen System.

Marx hebt hervor, dass die Auswirkungen von Lohnveränderungen auf die Produktionspreise nicht einfach vorherzusagen sind, da sie von einer Vielzahl von Faktoren abhängen. Dazu gehören die Branchenspezifität der Lohnveränderungen, die Produktivität der Arbeit, das Verhältnis von Lohnkosten zu Gesamtkosten, der

Wettbewerb zwischen den Kapitalisten und die Nachfrage nach den Waren. Es ist wichtig zu beachten, dass Marx die Wirkung des Arbeitslohns auf die Produktionspreise nicht isoliert betrachtet, sondern im Kontext des kapitalistischen Produktionsprozesses und der Klassenkämpfe zwischen Kapitalisten und Arbeitern.

Zusammenfassend lässt sich sagen, dass das Kapitel "Wirkungen allgemeiner Schwankungen des Arbeitslohns auf die Produktionspreise" die komplexen Zusammenhänge zwischen dem Arbeitslohn, den Produktionspreisen und der Profitrate im kapitalistischen System untersucht. Marx zeigt, dass Veränderungen des Arbeitslohns Auswirkungen auf die Verteilung des Mehrwerts zwischen Kapitalisten und Arbeitern haben und dass die Produktionspreise von einer Vielzahl von Faktoren abhängen. Dieses Kapitel verdeutlicht die zentrale Rolle des Arbeitslohns im kapitalistischen Produktionsprozess und die Dynamik des Klassenkampfes um die Verteilung des Mehrwerts.

Das Gesetz als solches

Das Kapitel "Das Gesetz als solches" im Buch "Das Kapital" von Karl Marx behandelt die Bedeutung und die Eigenschaften von Gesetzmäßigkeiten in der kapitalistischen Produktionsweise. Marx argumentiert, dass das kapitalistische System von bestimmten Gesetzmäßigkeiten beherrscht wird, die auf den grundlegenden Widersprüchen und Dynamiken des kapitalistischen Produktionsprozesses beruhen.

Marx hebt hervor, dass Gesetze keine reinen Willkürakte sind, sondern objektive Ausdrücke von Zusammenhängen und Tendenzen in der materiellen Welt. Im kapitalistischen System sind diese Gesetzmäßigkeiten in den Strukturen der Produktion, im Eigentumsverhältnis und in den Klassenbeziehungen verankert. Das grundlegende Gesetz des kapitalistischen Systems ist nach Marx das Gesetz des Mehrwerts, das besagt, dass der Mehrwert, der durch die Ausbeutung der Arbeitskraft entsteht, die Grundlage für die Akkumulation von Kapital ist.

Marx betont, dass das Gesetz des Mehrwerts nicht von den individuellen Absichten oder Vorstellungen der Kapitalisten abhängt, sondern eine objektive Realität darstellt, die die Dynamik des kapitalistischen Produktionsprozesses bestimmt. Er argumentiert, dass die kapitalistische Produktion auf der systematischen Ausbeutung der Arbeitskraft basiert und dass der Mehrwert als grundlegende Kategorie den inneren Kern des kapitalistischen Systems bildet.

Darüber hinaus untersucht Marx die Rolle von Gesetzmäßigkeiten bei der Entstehung und Entwicklung von Krisen im kapitalistischen System. Er argumentiert, dass das Gesetz des tendenziellen Falls der Profitrate eine entscheidende Rolle bei der Entstehung von Krisen spielt. Dieses Gesetz besagt, dass aufgrund des technologischen Fortschritts und des wachsenden organischen Zusammensetzung des Kapitals die Profitrate langfristig dazu neigt, zu sinken. Dies führt zu einer Verschärfung der Konkurrenz zwischen den Kapitalisten und zur Intensivierung der Ausbeutung der Arbeitskraft.

Marx betont jedoch, dass das Gesetz des tendenziellen Falls der Profitrate nicht zu einer unaufhaltsamen Krise führen muss, sondern dass es von den sozialen und politischen Kämpfen zwischen Kapitalisten und Arbeitern beeinflusst wird. Marx erkennt die Möglichkeit der Umverteilung des Mehrwerts durch die Kämpfe der Arbeiterklasse an und argumentiert, dass diese Kämpfe dazu beitragen können, die negativen Auswirkungen der Profitratenkrise zu mildern.

Zusammenfassend lässt sich sagen, dass das Kapitel "Das Gesetz als solches" die Bedeutung und Eigenschaften der Gesetzmäßigkeiten in der kapitalistischen Produktionsweise untersucht. Marx argumentiert, dass das Gesetz des Mehrwerts das grundlegende Gesetz des kapitalistischen Systems ist und dass das Gesetz des tendenziellen Falls der Profitrate eine entscheidende Rolle bei der Entstehung von Krisen spielt. Er betont jedoch auch, dass diese Gesetzmäßigkeiten von den sozialen und politischen Kämpfen zwischen Kapitalisten und Arbeitern beeinflusst werden können. Dieses Kapitel verdeutlicht die strukturellen Widersprüche und Dynamiken des kapitalistischen Systems und die Rolle von Gesetzmäßigkeiten bei der Analyse und Kritik des Kapitalismus.

Entgegenwirkende Ursachen

Das Kapitel "Entgegenwirkende Ursachen" im Buch "Das Kapital" von Karl Marx befasst sich mit den Faktoren und Mechanismen, die dazu beitragen, die negativen Auswirkungen des tendenziellen Falls der Profitrate im kapitalistischen System abzuschwächen oder zeitweise zu kompensieren. Marx argumentiert, dass obwohl das Gesetz des tendenziellen Falls der Profitrate eine grundlegende Tendenz des kapitalistischen Systems darstellt, es verschiedene entgegenwirkende Ursachen gibt, die vorübergehend die Profitratenkrise mildern können.

Marx identifiziert mehrere entgegenwirkende Faktoren, die dazu beitragen können, die Profitrate zu steigern oder aufrechtzuerhalten. Einer dieser Faktoren ist die Senkung des Wertes des konstanten Kapitals, insbesondere des fixen Kapitals, durch technologischen Fortschritt. Durch den Einsatz fortschrittlicherer Maschinen und Produktionsmethoden können die Kosten für den Kauf und die Wartung des fixen Kapitals reduziert werden, was zu einer Erhöhung der relativen Mehrwertrate führt.

Ein weiterer entgegenwirkender Faktor ist die Ausbeutung der Arbeitskraft auf einem intensiveren Niveau. Durch die Erhöhung der Arbeitsintensität, die Verlängerung der Arbeitszeit oder die Senkung der Löhne können die Kapitalisten versuchen, den Mehrwert zu steigern und damit die Profitrate vorübergehend zu erhöhen.

Darüber hinaus können externe Faktoren wie die Erschließung neuer Märkte oder die Ausbeutung von Ressourcen in kolonialisierten Gebieten die Profitrate steigern. Marx argumentiert, dass diese Faktoren jedoch nur vorübergehend wirken und letztendlich die Widersprüche des kapitalistischen Systems nicht dauerhaft überwinden können.

Marx betont auch, dass die entgegenwirkenden Ursachen nicht das grundlegende Gesetz des tendenziellen Falls der Profitrate außer Kraft setzen, sondern lediglich vorübergehende Effekte haben. Die langfristige Tendenz des Kapitalismus ist weiterhin von wachsender Konkurrenz, sinkenden Profitraten und zunehmender Ausbeutung der Arbeiterklasse geprägt.

Zusammenfassend lässt sich sagen, dass das Kapitel "Entgegenwirkende Ursachen" im Buch "Das Kapital" von Karl Marx die Faktoren untersucht, die vorübergehend die negativen Auswirkungen des tendenziellen Falls der Profitrate im kapitalistischen System mildern können. Marx identifiziert technologischen Fortschritt, intensivere Ausbeutung der Arbeitskraft und externe Faktoren wie die Erschließung neuer Märkte als entgegenwirkende Ursachen. Er betont jedoch, dass diese Faktoren die grundlegende Tendenz des Kapitalismus nicht dauerhaft umkehren können. Das Kapitel verdeutlicht die inhärenten Widersprüche und begrenzten Möglichkeiten der Kompensation innerhalb des kapitalistischen Systems.

Entfaltung der innern Widersprüche des Gesetzes

Das Kapitel "Entfaltung der inneren Widersprüche des Gesetzes" im Buch "Das Kapital" von Karl Marx befasst sich mit den internen Widersprüchen und Spannungen, die aus dem Gesetz des tendenziellen Falls der Profitrate im kapitalistischen System resultieren. Marx argumentiert, dass das Gesetz des tendenziellen Falls der Profitrate nicht nur eine Tendenz, sondern auch einen fundamentalen Widerspruch im kapitalistischen Produktionsprozess enthält.

Marx beginnt damit, zu erklären, dass die Hauptursache für den tendenziellen Fall der Profitrate in der Entwicklung der Produktivkräfte liegt. Durch den technologischen Fortschritt und die damit einhergehende Steigerung der Produktivität wird die relative Bedeutung des konstanten Kapitals im Verhältnis zum variablen Kapital erhöht. Das konstante Kapital umfasst die investierten Maschinen, Anlagen und Rohstoffe, während das variable Kapital die Lohnkosten für die Arbeitnehmer repräsentiert.

Da das konstante Kapital im Verhältnis zum variablen Kapital wächst, führt dies zu einer Abnahme der Profitrate. Dies liegt daran, dass der Mehrwert, der aus der Ausbeutung der Arbeitnehmer generiert wird, auf eine größere Kapitalmasse verteilt werden muss. Dadurch nimmt der Anteil des Mehrwerts am Gesamtkapital ab, was zu einer sinkenden Profitrate führt.

Marx zeigt jedoch auf, dass dieser Widerspruch im kapitalistischen System dazu führt, dass die Kapitalisten bestrebt sind, die Ausbeutung der Arbeitnehmer zu intensivieren. Durch die Erhöhung der Arbeitsintensität, die Verlängerung der Arbeitszeit oder die Senkung der Löhne versuchen sie, den Mehrwert zu steigern und die Profitrate wieder zu erhöhen.

Diese Bemühungen der Kapitalisten führen jedoch zu weiteren Widersprüchen und Problemen. Marx argumentiert, dass die Intensivierung der Ausbeutung dazu führt, dass die Arbeitnehmer zunehmend ausgebeutet und ausgepowert werden. Dies kann zu Arbeitsunruhen, Streiks und sozialen Spannungen führen. Darüber hinaus kann die Verlängerung der Arbeitszeit und die Intensivierung der Arbeit die Produktivität beeinträchtigen und zu Überproduktion führen, da die Nachfrage möglicherweise nicht mit dem erhöhten Angebot Schritt halten kann.

Marx betont, dass die Widersprüche des kapitalistischen Systems nicht durch temporäre Lösungen oder Reformen gelöst werden können, sondern nur durch eine grundlegende Veränderung der Produktionsverhältnisse. Er argumentiert für die Überwindung des kapitalistischen Systems durch die Etablierung einer sozialistischen Gesellschaftsordnung, in der die Produktionsmittel in gemeinschaftlichem Besitz sind und die Ausbeutung der Arbeit abgeschafft wird.

Zusammenfassend lässt sich sagen, dass das Kapitel "Entfaltung der inneren Widersprüche des Gesetzes" im Buch "Das Kapital" von Karl Marx die internen Spannungen und Widersprüche untersucht, die aus dem Gesetz des tendenziellen Falls der

Profitrate im kapitalistischen System resultieren. Marx argumentiert, dass der Widerspruch zwischen dem konstanten und variablen Kapital zu einer sinkenden Profitrate führt und die Kapitalisten dazu zwingt, die Ausbeutung der Arbeitnehmer zu intensivieren. Diese Bemühungen führen jedoch zu weiteren Widersprüchen und sozialen Problemen. Marx betont die Notwendigkeit einer grundlegenden Veränderung der Produktionsverhältnisse, um die Widersprüche des kapitalistischen Systems zu überwinden.

Das Warenhandlungskapital
Das Kapitel "Das Warenhandlungskapital" im Buch "Das Kapital" von Karl Marx befasst sich mit dem spezifischen Aspekt des Kapitals, das im Handel mit Waren eingesetzt wird. Marx untersucht den Prozess des Warenhandels und wie das Kapital in dieser Sphäre wirkt.

Marx beginnt damit, zu erklären, dass der Handel mit Waren eine wichtige Funktion im kapitalistischen System erfüllt. Durch den Austausch von Waren auf dem Markt werden die Warenproduzenten in die Lage versetzt, ihre Produkte gegen Geld zu tauschen und dadurch ihren Profit zu realisieren. Der Handel mit Waren ermöglicht es den Kapitalisten, ihre produzierten Waren zu verkaufen und das eingenommene Geld wieder in den Produktionsprozess zu investieren.

Marx unterscheidet zwischen dem zirkulierenden Kapital und dem Warenhandlungskapital. Das zirkulierende Kapital umfasst das Kapital, das in den Produktionsprozess investiert wird, während das Warenhandlungskapital das Kapital repräsentiert, das für den Kauf und Verkauf von Waren verwendet wird. Das Warenhandlungskapital ist ein Zwischenstadium, in dem das Kapital in Warenform vorliegt und auf dem Markt gehandelt wird.

Marx zeigt auf, dass das Warenhandlungskapital bestimmte Funktionen erfüllt. Zum einen dient es als Geldreserve für den Ankauf von Waren. Die Kapitalisten halten einen Teil ihres Kapitals als Geld bereit, um Waren zu kaufen, wenn sich günstige

Gelegenheiten ergeben. Zum anderen fungiert das Warenhandlungskapital als Zahlungsmittel für den Kauf von Produktionsmitteln und Arbeitskraft. Die Kapitalisten setzen das Warenhandlungskapital ein, um die benötigten Ressourcen für die Produktion zu erwerben.

Marx betont auch die Bedeutung des Kredits im Zusammenhang mit dem Warenhandlungskapital. Durch den Einsatz von Kredit können die Kapitalisten ihre Handelsaktivitäten ausweiten und größere Mengen an Waren kaufen. Dies ermöglicht es ihnen, größere Profite zu erzielen und ihr Kapital zu vermehren. Gleichzeitig birgt der Kredit jedoch auch Risiken und kann zu finanziellen Instabilitäten führen.

Ein weiteres Thema, das Marx in diesem Kapitel anspricht, ist die Rolle der Handelskapitalisten. Diese Akteure im Warenhandel spielen eine wichtige Rolle bei der Vermittlung des Warenaustauschs zwischen den Produzenten und den Konsumenten. Sie profitieren von der Differenz zwischen dem Einkaufspreis und dem Verkaufspreis der Waren und tragen zur Zirkulation des Kapitals bei.

Zusammenfassend lässt sich sagen, dass das Kapitel "Das Warenhandlungskapital" im Buch "Das Kapital" von Karl Marx die Funktionen und den Einfluss des Kapitals im Handel mit Waren untersucht. Marx zeigt auf, dass das Warenhandlungskapital eine wichtige Rolle bei der Realisierung des Profits spielt und den Austausch von Waren ermöglicht. Er betont die Bedeutung des Kredits und die Rolle der Handelskapitalisten in diesem Prozess. Durch die Analyse des Warenhandlungskapitals liefert Marx Einblicke in die Mechanismen des kapitalistischen Handels und seine Verbindung zum Produktionsprozess.

Der kommerzielle Profit
Das Kapitel "Der kommerzielle Profit" im Buch "Das Kapital" von Karl Marx widmet sich der Analyse des kommerziellen Sektors der

kapitalistischen Wirtschaft und untersucht die Rolle des kommerziellen Profits.

Marx beginnt das Kapitel damit, den Unterschied zwischen industrieller Kapitalbildung und kommerzieller Kapitalbildung zu erklären. Industrielles Kapital wird eingesetzt, um Waren zu produzieren, während kommerzielles Kapital im Handel mit Waren verwendet wird. Der kommerzielle Sektor umfasst den Ankauf und Verkauf von Waren, den Transport und die Lagerung sowie die Vermarktung und den Vertrieb von Produkten.

Marx definiert den kommerziellen Profit als den Unterschied zwischen dem Kaufpreis und dem Verkaufspreis von Waren. Dieser Profit entsteht durch den Handel mit Waren und wird von den Händlern, Großhändlern und anderen kommerziellen Akteuren erzielt. Der kommerzielle Profit ist eine spezifische Form des Profits, der durch den Austausch von Waren realisiert wird.

Der Autor betont, dass der kommerzielle Profit nicht durch die Schaffung von Mehrwert in der Produktion entsteht, sondern durch den An- und Verkauf von Waren zu unterschiedlichen Preisen. Er weist darauf hin, dass der kommerzielle Profit aus dem unterschiedlichen Wertverhältnis der gehandelten Waren resultiert. Dieser Profit wird als "Differenzprofit" bezeichnet.

Marx analysiert die verschiedenen Faktoren, die den kommerziellen Profit beeinflussen, darunter die Marktkonkurrenz, die Preisschwankungen, den Wettbewerb zwischen den Händlern und die Rolle des Kredits. Er zeigt auf, dass die Händler bestrebt sind, den maximalen kommerziellen Profit zu erzielen, indem sie Waren zu niedrigeren Preisen einkaufen und zu höheren Preisen verkaufen. Durch den Wettbewerb zwischen den Händlern wird jedoch der kommerzielle Profit tendenziell auf ein durchschnittliches Niveau reduziert.

Marx analysiert auch die Verbindung zwischen dem kommerziellen Profit und dem industriellen Profit. Er stellt fest, dass der kommerzielle Profit letztendlich aus dem Mehrwert resultiert, der in der Produktion geschaffen wird. Der Handel mit Waren ermöglicht es den Kapitalisten, den Wert der produzierten Waren zu realisieren und in Geldform umzuwandeln.

Darüber hinaus betrachtet Marx den kommerziellen Profit im Kontext des Kapitalkreislaufs. Er erkennt an, dass der Handel mit Waren eine wichtige Rolle bei der Zirkulation des Kapitals spielt und zur Erweiterung des Kapitals beiträgt. Der kommerzielle Sektor ermöglicht es den Kapitalisten, ihre Waren auf dem Markt zu verkaufen und das eingenommene Geld wieder in den Produktionsprozess zu investieren.

Zusammenfassend lässt sich sagen, dass das Kapitel "Der kommerzielle Profit" im Buch "Das Kapital" von Karl Marx eine detaillierte Untersuchung des kommerziellen Sektors der kapitalistischen Wirtschaft und des kommerziellen Profits bietet. Marx analysiert die Rolle des Handels mit Waren, den Einfluss von Preisschwankungen und Wettbewerb sowie die Verbindung zwischen dem kommerziellen Profit und dem industriellen Profit. Durch die Untersuchung des kommerziellen Sektors trägt Marx dazu bei, ein umfassendes Verständnis des kapitalistischen Systems und seiner Funktionsweise zu vermitteln.

Der Umschlag des Kaufmannskapitals. Die Preise
Das Kapitel "Der Umschlag des Kaufmannskapitals. Die Preise" im Buch "Das Kapital" von Karl Marx befasst sich mit der Analyse des Umschlags des Kaufmannskapitals und der Bildung von Preisen im kapitalistischen System.

Marx beginnt das Kapitel mit der Unterscheidung zwischen dem industriellen Kapital, das in der Produktion eingesetzt wird, und dem Kaufmannskapital, das im Handel verwendet wird. Das Kaufmannskapital umfasst den Ankauf und Verkauf von Waren sowie den Transport, die Lagerung und die Vermarktung von Produkten. Marx betont, dass der Handel mit Waren einen eigenständigen Bereich der kapitalistischen Wirtschaft darstellt und sich von der industriellen Produktion unterscheidet.

Der Autor analysiert den Umschlag des Kaufmannskapitals und stellt fest, dass der Kaufmann Waren zu einem niedrigeren Preis kauft und sie zu einem höheren Preis verkauft, um einen Gewinn zu erzielen. Der Umschlag des Kapitals bezieht sich auf den Prozess des Ankaufs, der Verkaufs und der Wiederinvestition des erzielten Gewinns. Marx zeigt auf, dass der Umschlag des Kaufmannskapitals im Vergleich zum industriellen Kapital schneller ist, da der Handel mit Waren eine schnellere Zirkulation von Geld ermöglicht.

Ein wichtiger Aspekt des Kapitels ist die Analyse der Preisbildung. Marx argumentiert, dass die Preise von Waren nicht ausschließlich durch die Arbeitszeit bestimmt werden, die in ihrer Produktion aufgewendet wurde, sondern auch durch die Marktkonkurrenz und das Verhältnis von Angebot und Nachfrage. Er betont, dass die Preise von Waren Schwankungen unterliegen und nicht immer ihrem tatsächlichen Wert entsprechen.

Marx unterscheidet zwischen den Marktpreisen, die durch das Verhältnis von Angebot und Nachfrage auf einem bestimmten Markt bestimmt werden, und den Produktionspreisen, die den Wert der eingesetzten Produktionsmittel und die darin enthaltene Mehrarbeit widerspiegeln. Er stellt fest, dass die Produktionspreise die Grundlage für die Berechnung der Profitrate bilden, während die Marktpreise von den Produktionspreisen abweichen können.

Des Weiteren untersucht Marx die Rolle des Geldes im Umschlag des Kaufmannskapitals. Er betont, dass Geld als allgemeines Äquivalent im Austauschprozess fungiert und es den Kaufleuten ermöglicht, Waren zu kaufen und zu verkaufen. Geld ermöglicht den Umschlag des Kapitals und die Realisierung des Mehrwerts, der in der Produktion geschaffen wurde.

Zusammenfassend lässt sich sagen, dass das Kapitel "Der Umschlag des Kaufmannskapitals. Die Preise" im Buch "Das Kapital" von Karl Marx eine detaillierte Untersuchung des Handels mit Waren und der Preisbildung bietet. Marx analysiert den Umschlag des Kaufmannskapitals, die Rolle von Angebot und Nachfrage bei der Preisbildung sowie die Funktion des Geldes im Handelsprozess. Durch die Untersuchung des Kaufmannskapitals trägt Marx dazu bei, ein umfassendes Verständnis des kapitalistischen Systems und seiner Mechanismen zu vermitteln.

Das Geldhandlungskapital

Das Kapitel "Das Geldhandlungskapital" im Buch "Das Kapital" von Karl Marx behandelt das Geldhandelskapital und dessen Funktionen im kapitalistischen Wirtschaftssystem.

Marx beginnt das Kapitel damit, die Bedeutung des Geldes im kapitalistischen Austauschprozess hervorzuheben. Geld fungiert als allgemeines Äquivalent, das den Wert von Waren repräsentiert und den Austausch erleichtert. Es ermöglicht den Vergleich und die Bewertung verschiedener Waren und dient als Maßstab für ihre Preise.

Der Autor unterscheidet zwischen dem Geld als Zahlungsmittel, das im Tauschprozess verwendet wird, und dem Geld als Kapital, das zur Akkumulation und Vermehrung von Wert eingesetzt wird. Das Geldhandelskapital bezieht sich auf das Kapital, das in Form von Geld in den Handel investiert wird, um Waren zu kaufen und zu verkaufen und dadurch Profit zu erzielen.

Marx analysiert die Funktionen des Geldhandelskapitals und stellt fest, dass es in erster Linie dazu dient, Waren aufzukaufen, um sie zu einem späteren Zeitpunkt zu verkaufen. Durch den Kauf und Verkauf von Waren wird der Wert des Geldkapitals vermehrt. Marx erklärt den Unterschied zwischen dem ursprünglichen Geldkapital und dem Mehrwert, der aus dem Umschlag des Geldes entsteht. Der Mehrwert resultiert aus dem günstigen Kauf und dem späteren Verkauf der Waren zu einem höheren Preis.

Ein wesentlicher Aspekt des Kapitels ist die Untersuchung des Kredits und der Kreditfunktion des Geldes im Handelskapital. Marx erläutert, wie das Geldhandelskapital mithilfe von Krediten seine Geschäfte erweitert und das Kapitalvolumen erhöht. Durch den Einsatz von Krediten können Kaufleute größere Mengen an Waren kaufen und somit ihre Gewinne steigern. Marx hebt jedoch hervor, dass der Kredit auch Risiken birgt, da er auf Vertrauen und Schulden basiert.

Des Weiteren betrachtet Marx die Konkurrenz und den Wettbewerb zwischen den Kapitalisten im Geldhandel. Er zeigt auf, dass die Konkurrenz dazu führt, dass die Kaufleute bestrebt sind, Waren zu niedrigeren Preisen zu kaufen und zu höheren Preisen zu verkaufen, um ihren Profit zu maximieren. Dies führt zu einem ständigen Druck auf die Preise und zu einer Suche nach günstigeren Beschaffungsquellen.

Zusammenfassend lässt sich sagen, dass das Kapitel "Das Geldhandlungskapital" im Buch "Das Kapital" von Karl Marx eine detaillierte Analyse des Geldhandelskapitals und seiner Funktionen bietet. Marx untersucht, wie das Geld als Kapital im Handel eingesetzt wird, um Gewinne zu erzielen. Er betrachtet den Umschlag des Geldes, die Rolle von Krediten und die Auswirkungen der Konkurrenz auf den Geldhandel. Durch die Untersuchung des Geldhandelskapitals liefert Marx wertvolle Einsichten in die Dynamik des kapitalistischen Wirtschaftssystems und die Rolle des Geldes als zentrales Element des kapitalistischen Austauschs.

Geschichtliches über das Kaufmannskapital

Das Kapitel "Geschichtliches über das Kaufmannskapital" im Buch "Das Kapital" von Karl Marx widmet sich der historischen Entwicklung des Kaufmannskapitals und seiner Rolle im kapitalistischen Wirtschaftssystem.

Marx beginnt das Kapitel mit einer Untersuchung des Kaufmannskapitals in der feudalen Gesellschaft. Er stellt fest, dass der Kaufmann als Vermittler zwischen Produzenten und

Konsumenten agierte und Waren aufkaufte, um sie in entfernte Märkte zu transportieren. In dieser Zeit war das Kaufmannskapital vor allem auf den Handel mit Luxusgütern ausgerichtet.

Der Autor führt dann die Entstehung des modernen Kaufmannskapitals ein, das eng mit der Entwicklung des Welthandels und der Kolonialisierung verbunden ist. Mit der Entdeckung neuer Handelsrouten und der Expansion des Handels nahm auch die Bedeutung des Kaufmannskapitals zu. Marx beschreibt, wie der Kaufmann das Geldkapital nutzte, um Waren zu kaufen und zu verkaufen, und dadurch Gewinne erzielte.

Marx betont, dass das Kaufmannskapital in seiner Funktion als Mittler zwischen Produzenten und Konsumenten einen Mehrwert erzeugt. Der Kaufmann verkauft die Waren zu einem höheren Preis, als er sie eingekauft hat, und erzielt so einen Gewinn. Dieser Gewinn basiert jedoch nicht auf der Schaffung von neuem Wert, sondern auf der Umverteilung des vorhandenen Werts.

Weiterhin untersucht Marx die Entwicklung des Kaufmannskapitals im Kapitalismus. Er argumentiert, dass mit der Entstehung des industriellen Kapitalismus das Kaufmannskapital eine neue Rolle einnahm. Es wurde zu einem Zwischenglied in der Produktionskette und übernahm Aufgaben wie den Vertrieb, die Vermarktung und die Finanzierung von Waren. Das Kaufmannskapital wurde zu einem wichtigen Element des kapitalistischen Produktionsprozesses.

Marx weist auch darauf hin, dass das Kaufmannskapital im modernen Kapitalismus enge Verbindungen zum Bankkapital hat. Der Kaufmann verwendet Kredite und Finanzierungsinstrumente, um seine Geschäfte auszubauen und zu erweitern. Dadurch entsteht eine Verflechtung zwischen dem Kaufmannskapital und dem Bankkapital.

Abschließend betont Marx, dass das Kaufmannskapital zwar eine wichtige Funktion im kapitalistischen Wirtschaftssystem hat, aber letztendlich vom industriellen Kapital abhängig ist. Der Kaufmann kann nur Profit erzielen, indem er Waren kauft und verkauft, die von den Produzenten hergestellt wurden.

Zusammenfassend liefert das Kapitel "Geschichtliches über das Kaufmannskapital" einen historischen Überblick über die Entwicklung des Kaufmannskapitals und seine Rolle im kapitalistischen Wirtschaftssystem. Marx untersucht die Veränderungen des Kaufmannskapitals von der feudalen Gesellschaft bis zum industriellen Kapitalismus und zeigt auf, wie es als Vermittler und Händler von Waren fungiert. Das Kapitel betont auch die Verbindung zwischen dem Kaufmannskapital und dem Bankkapital sowie seine Abhängigkeit vom industriellen Kapital. Durch seine Analyse bietet Marx Einblicke in die historische Entwicklung des Handels und des Kapitalismus.

Das zinstragende Kapital

Das Kapitel "Das zinstragende Kapital" im Buch "Das Kapital" von Karl Marx widmet sich der Untersuchung des Zinses und des zinstragenden Kapitals im kapitalistischen Wirtschaftssystem.

Marx beginnt das Kapitel mit einer kritischen Auseinandersetzung mit der herrschenden bürgerlichen Theorie des Zinses. Er stellt fest, dass diese Theorie den Zins als Belohnung für das Verzicht auf den Konsum betrachtet. Marx argumentiert jedoch, dass der Zins in Wirklichkeit ein Teil des Mehrwerts ist, der von den Kapitalisten aus der Ausbeutung der Arbeiterklasse extrahiert wird.

Der Autor untersucht dann die Rolle des zinstragenden Kapitals im kapitalistischen Produktionsprozess. Er erklärt, dass das zinstragende Kapital jenes Kapital ist, das als Kredit an Kapitalisten gegen Zahlung von Zinsen verliehen wird. Marx betont, dass der Kredit eine Form des Kapitals ist und daher eine Quelle des Profits für den Kreditgeber darstellt.

Marx beschreibt den Mechanismus des Kredits und des Zinses und argumentiert, dass der Zins eine Form der Kapitalrendite ist. Der Kreditnehmer zahlt dem Kreditgeber eine zusätzliche Geldsumme als Zinszahlung, die auf dem geliehenen Kapital basiert. Diese

Zinszahlung wird aus dem Mehrwert abgezogen, den der Kreditnehmer durch die Ausbeutung der Arbeiterklasse erzielt.

Weiterhin untersucht Marx die Auswirkungen des zinstragenden Kapitals auf den kapitalistischen Produktionsprozess. Er zeigt auf, dass der Zins die Kapitalakkumulation begünstigt, da er den Kapitalisten ermöglicht, zusätzliches Kapital anzuhäufen, ohne selbst in die Produktion zu investieren. Der Kredit ermöglicht es den Kapitalisten, das Kapital anderer Menschen für ihre eigenen Profitinteressen zu nutzen.

Marx betont jedoch auch die widersprüchliche Natur des zinstragenden Kapitals. Einerseits fördert es die Ausbeutung und Akkumulation von Kapital, andererseits führt es zu einer erhöhten Konkurrenz zwischen den Kapitalisten um den Zugang zum Kredit. Diese Konkurrenz kann zu Finanzkrisen und Instabilität im kapitalistischen System führen.

Abschließend argumentiert Marx, dass der Zins ein Ausdruck der kapitalistischen Ausbeutung ist und eine zusätzliche Quelle des Profits für die Kapitalisten darstellt. Er betont, dass der Zins und das zinstragende Kapital Teil der kapitalistischen Produktionsweise sind und in der Klassengesellschaft des Kapitalismus verwurzelt sind.

Zusammenfassend liefert das Kapitel "Das zinstragende Kapital" eine kritische Analyse des Zinses und des zinstragenden Kapitals im kapitalistischen Wirtschaftssystem. Marx zeigt auf, dass der Zins eine Form der Kapitalrendite ist, die aus der Ausbeutung der Arbeiterklasse resultiert. Er betont die Rolle des Kredits als Quelle des Profits und der Kapitalakkumulation und hebt die widersprüchliche Natur des zinstragenden Kapitals hervor. Durch seine Analyse des zinstragenden Kapitals leistet Marx einen wichtigen Beitrag zur Untersuchung der kapitalistischen Produktionsweise und der Dynamik des kapitalistischen Systems.

Teilung des Profits. Zinsfuß. "Natürliche" Rate des Zinsfußes
Im Kapitel "Teilung des Profits. Zinsfuß. 'Natürliche' Rate des Zinsfußes" des Buches "Das Kapital" beschäftigt sich Karl Marx mit der Verteilung des Profits zwischen Kapitalisten und Grundbesitzern sowie mit der Bestimmung des Zinsfußes in der kapitalistischen Wirtschaft.

Marx beginnt das Kapitel mit der Analyse der Teilung des Profits zwischen Kapitalisten und Grundbesitzern. Er erklärt, dass der Profit, der aus der Ausbeutung der Arbeiterschaft resultiert, in zwei Teile aufgeteilt wird: den Unternehmergewinn und die Grundrente. Der Unternehmergewinn ist der Teil des Profits, der den Kapitalisten gehört, während die Grundrente an die Grundbesitzer für die Nutzung des Bodens gezahlt wird.

Marx argumentiert, dass die Höhe des Unternehmergewinns und der Grundrente von verschiedenen Faktoren abhängt. Dazu gehören die Produktivität der Arbeit, die Kosten der Produktion und die Nachfrage nach bestimmten Waren. Er betont jedoch, dass der Profit letztendlich aus der unbezahlten Arbeit der Arbeiterklasse stammt.

Im weiteren Verlauf des Kapitels befasst sich Marx mit der Frage des Zinsfußes, also dem Prozentsatz des Kapitals, den ein Kapitalist als Zins für geliehenes Kapital zahlen muss. Marx argumentiert, dass der Zinsfuß von Angebot und Nachfrage auf dem Kapitalmarkt bestimmt wird. Wenn das Angebot an Kapital größer ist als die Nachfrage, sinkt der Zinsfuß, und umgekehrt.

Marx kritisiert die bürgerliche Ökonomie für ihre Vorstellung von einer "natürlichen" Rate des Zinsfußes. Er argumentiert, dass es keine objektive oder natürliche Rate gibt, sondern dass der Zinsfuß eine historisch bedingte soziale Relation ist, die durch den Klassenkampf und die Konkurrenz zwischen den Kapitalisten bestimmt wird.

Zudem betont Marx, dass der Zinsfuß ein Ausdruck der Ausbeutung der Arbeiterklasse ist, da der Kreditgeber einen Teil des Mehrwerts als Zinszahlung erhält. Der Zins ist daher ein weiterer Mechanismus, durch den der Kapitalist von der Arbeit der Arbeiter profitiert.

Abschließend hebt Marx hervor, dass der Kapitalismus von Natur aus instabil ist und dass die Teilung des Profits und der Zinsfuß von ständigen Veränderungen und Konflikten geprägt sind. Der Klassenkampf und die Konkurrenz zwischen den Kapitalisten beeinflussen die Verteilung des Profits und den Zinsfuß, und diese Dynamik führt zu sozialen und wirtschaftlichen Ungleichheiten.

Zusammenfassend untersucht das Kapitel "Teilung des Profits. Zinsfuß. 'Natürliche' Rate des Zinsfußes" die Verteilung des Profits zwischen Kapitalisten und Grundbesitzern sowie die Bestimmung des Zinsfußes im kapitalistischen Wirtschaftssystem. Marx argumentiert, dass der Profit aus der Ausbeutung der Arbeiterklasse stammt und dass der Zinsfuß durch Angebot und Nachfrage auf dem Kapitalmarkt bestimmt wird. Er kritisiert die Vorstellung einer "natürlichen" Rate des Zinsfußes und betont die Rolle des Klassenkampfes und der Konkurrenz in der Bestimmung von Profit und Zinsfuß. Durch seine Analyse trägt Marx dazu bei, das Wesen des Kapitalismus und die Mechanismen der Ausbeutung und Verteilung im kapitalistischen System zu verstehen.

Zins und Unternehmergewinn

Im Kapitel "Zins und Unternehmergewinn" des Buches "Das Kapital" setzt sich Karl Marx mit der Frage auseinander, wie der Zins und der Unternehmergewinn im kapitalistischen System entstehen und verteilt werden.

Marx beginnt damit, den Zins als eine Form des Einkommens zu betrachten, das dem Kapitalisten zufließt, wenn er sein Kapital einem anderen Kapitalisten leiht. Der Zins wird als ein Teil des Profits betrachtet, der nicht aus der Ausbeutung der Arbeiterklasse resultiert, sondern aus der Nutzung des Kapitals selbst.

Marx argumentiert jedoch, dass der Zins letztendlich auf der Ausbeutung der Arbeiterklasse beruht, da das geliehene Kapital dazu verwendet wird, Arbeitskräfte zu beschäftigen und Mehrwert zu extrahieren. Der Kapitalist zahlt den Arbeitern einen Lohn, der niedriger ist als der Wert, den sie mit ihrer Arbeit schaffen, und der entstehende Mehrwert wird als Profit bezeichnet. Ein Teil dieses Profits wird dann als Zins an den Kapitalgeber gezahlt.

Marx betont, dass der Zins keine naturgegebene oder objektive Kategorie ist, sondern eine soziale Relation, die durch die kapitalistische Produktionsweise geschaffen wird. Der Zins ist ein Ausdruck der Eigentumsverhältnisse und der Machtverhältnisse zwischen den Klassen. Er resultiert aus der Tatsache, dass Kapitalisten das Eigentumsrecht an den Produktionsmitteln haben und darüber entscheiden können, wie das Kapital eingesetzt wird.

Darüber hinaus analysiert Marx den Unternehmergewinn, der sich aus der Unternehmertätigkeit ergibt. Der Unternehmergewinn ist der Teil des Profits, der dem Kapitalisten als Belohnung für seine Organisations- und Managementleistungen zusteht. Marx argumentiert jedoch, dass der Unternehmergewinn letztendlich aus der Ausbeutung der Arbeiterklasse resultiert, da er auf der Differenz zwischen dem Wert, den die Arbeiter schaffen, und dem Lohn, den sie erhalten, beruht.

Marx weist darauf hin, dass der Zins und der Unternehmergewinn in der kapitalistischen Wirtschaft eng miteinander verflochten sind. Der Kapitalist, der das Kapital bereitstellt, um die Produktion zu finanzieren, erhält einen Teil des Profits als Zinszahlung. Gleichzeitig erhält er einen weiteren Teil des Profits als Unternehmergewinn für seine Managementleistungen.

Marx schließt das Kapitel mit dem Hinweis darauf ab, dass der Zins und der Unternehmergewinn nicht nur ökonomische Kategorien sind, sondern auch Ausdruck der sozialen Beziehungen im Kapitalismus. Sie stehen im Zusammenhang mit der Ausbeutung der Arbeiterklasse und den Machtverhältnissen zwischen

Kapitalisten und Arbeitern. Durch seine Analyse trägt Marx dazu bei, das Wesen des Profits, des Zinses und des Unternehmergewinns im kapitalistischen System zu verstehen und die Mechanismen der Ausbeutung zu beleuchten.

Zusammenfassend untersucht das Kapitel "Zins und Unternehmergewinn" die Entstehung und Verteilung des Zinses und des Unternehmergewinns im kapitalistischen Wirtschaftssystem. Marx argumentiert, dass sowohl der Zins als auch der Unternehmergewinn letztendlich aus der Ausbeutung der Arbeiterklasse resultieren. Der Zins wird als Teil des Profits betrachtet, der dem Kapitalgeber als Belohnung für die Bereitstellung von Kapital gezahlt wird. Der Unternehmergewinn hingegen entsteht aus der Managementleistung des Kapitalisten. Beide Kategorien sind eng miteinander verknüpft und Ausdruck der sozialen Beziehungen im Kapitalismus. Durch seine Analyse legt Marx die Mechanismen der Ausbeutung und Verteilung im kapitalistischen System offen.

Veräußerlichung des Kapitalverhältnisses
Im Kapitel "Veräußerlichung des Kapitalverhältnisses in der Form des zinstragenden Kapitals" des Buches "Das Kapital" untersucht Karl Marx die spezifische Form des zinstragenden Kapitals und dessen Bedeutung im kapitalistischen Wirtschaftssystem.

Marx erklärt, dass das zinstragende Kapital eine besondere Form des Kapitals ist, bei der der Kapitalist sein Kapital einem anderen Kapitalisten leiht und dafür einen Zins erhält. Diese Form des Kapitals beruht auf dem Eigentumsrecht an den Produktionsmitteln, das es dem Kapitalisten ermöglicht, sein Kapital zu verleihen und daraus einen Gewinn in Form des Zinses zu erzielen.

Der Zins wird von Marx als eine Art Tribut oder Miete betrachtet, die der Kapitalist für die Nutzung seines Kapitals erhält. Dabei spielt die Zeit eine wichtige Rolle, da der Zins als Entschädigung für die zeitliche Verzögerung der Kapitalrückzahlung und als Belohnung für die Bereitstellung des Kapitals dient.

Marx betont jedoch, dass der Zins letztendlich auf der Ausbeutung der Arbeiterklasse beruht. Das geliehene Kapital wird eingesetzt, um Arbeitskräfte zu beschäftigen und Mehrwert zu extrahieren. Die Arbeiter produzieren einen Mehrwert, der über den Wert ihres Lohns hinausgeht, und dieser Mehrwert wird als Profit bezeichnet. Ein Teil dieses Profits wird dann als Zins an den Kapitalgeber gezahlt.

Marx argumentiert weiter, dass das zinstragende Kapital eine Form des Kapitalverhältnisses darstellt, das durch den Austausch von Geld und Ware gekennzeichnet ist. Der Kapitalist, der das Kapital zur Verfügung stellt, fungiert als Geldkapitalist, während der Kapitalist, der das Kapital entleiht, als Warenkapitalist agiert. Dieser Austauschprozess ermöglicht es dem Geldkapitalisten, einen Teil des Profits in Form des Zinses zu erhalten, während der Warenkapitalist das geliehene Kapital verwendet, um Profit durch den Verkauf von Waren zu erzielen.

Marx weist darauf hin, dass das zinstragende Kapital eine besondere Rolle im kapitalistischen Wirtschaftssystem spielt. Es ermöglicht es Kapitalisten, zusätzliche Gewinne durch den Zins zu erzielen, ohne direkt in die Produktion eingreifen zu müssen. Es trägt auch zur Konzentration und Zentralisierung des Kapitals bei, da Kapitalisten mit überschüssigem Kapital es verleihen können, um noch mehr Profit zu erzielen.

Schließlich hebt Marx hervor, dass das zinstragende Kapital eine Form des Kapitals ist, die zur Verfestigung und Verstärkung der Klassengegensätze beiträgt. Es schafft eine Kluft zwischen Kapitalisten, die über das Eigentumsrecht an Produktionsmitteln verfügen, und Arbeitern, die gezwungen sind, ihr Arbeitsvermögen zu verkaufen, um ihren Lebensunterhalt zu verdienen. Der Zins ist ein Ausdruck dieser ungleichen Machtverhältnisse und der Ausbeutung der Arbeiterklasse durch das Kapital.

Zusammenfassend untersucht das Kapitel "Veräußerlichung des Kapitalverhältnisses in der Form des zinstragenden Kapitals" die spezifische Form des zinstragenden Kapitals und seine Bedeutung im kapitalistischen System. Marx zeigt auf, dass der Zins als Belohnung für die Bereitstellung von Kapital dient, letztendlich jedoch auf der Ausbeutung der Arbeiterklasse beruht. Das zinstragende Kapital stellt eine Form des Kapitalverhältnisses dar, das auf dem Austausch von Geld und Ware basiert. Es ermöglicht zusätzliche Gewinne für Kapitalisten und trägt zur Konzentration des Kapitals bei. Darüber hinaus verstärkt es die Klassengegensätze und die Ungleichheit im kapitalistischen System.

Kredit und fiktives Kapital

Im Kapitel "Kredit und fiktives Kapital" des Buches "Das Kapital" widmet sich Karl Marx dem Thema des Kredits und seiner Rolle im kapitalistischen Wirtschaftssystem. Marx untersucht dabei insbesondere die Entstehung und Auswirkungen des fiktiven Kapitals, das eng mit dem Kreditsystem verbunden ist.

Marx erklärt, dass der Kredit eine Form der Kapitalbewegung darstellt, bei der Kapitalisten sich gegenseitig Geld leihen, um Investitionen zu tätigen. Der Kredit ermöglicht es den Kapitalisten, über ihr eigenes Kapital hinaus zusätzliches Kapital zu mobilisieren und somit größere Geschäfte zu machen. Dabei fungiert das geliehene Geld als fiktives Kapital, da es nicht in Form von physischen Waren oder Produktionsmitteln existiert, sondern lediglich als Anspruch auf zukünftigen Reichtum.

Der Kredit spielt eine entscheidende Rolle in der kapitalistischen Produktionsweise, da er die Akkumulation von Kapital beschleunigt und den Kreislauf des Kapitals erweitert. Durch den Kredit können Kapitalisten ihre Produktion ausdehnen, neue Maschinen und Technologien erwerben und somit ihre Profite steigern. Gleichzeitig führt der Kredit jedoch auch zu einer Verschuldung der Kapitalisten, da sie das geliehene Kapital zurückzahlen müssen und zusätzlich Zinsen auf den geliehenen Betrag entrichten müssen.

Marx unterscheidet zwischen produktivem und unproduktivem Kredit. Produktiver Kredit wird für Investitionen in die Produktionsmittel verwendet und trägt zur Schaffung von Mehrwert bei. Unproduktiver Kredit hingegen wird für Konsumzwecke oder spekulative Geschäfte genutzt und trägt nicht direkt zur Kapitalakkumulation bei.

Ein wichtiger Aspekt des Kreditsystems ist die Entstehung von Kreditgeld. Dieses entsteht, wenn Banken und andere Kreditinstitute Darlehen vergeben und damit gleichzeitig neues Geld in Umlauf bringen. Durch die Schaffung von Kreditgeld wird die Geldmenge in der Wirtschaft erhöht, was wiederum Auswirkungen auf Preise, Inflation und andere wirtschaftliche Phänomene hat.

Marx warnt jedoch vor den Gefahren des Kreditsystems. Er argumentiert, dass der Kredit eine instabile und widersprüchliche Form des Kapitals ist. Die Vergabe von Krediten kann zu Spekulationsblasen und wirtschaftlichen Krisen führen. Zudem führt der Kredit zur Entfremdung des Geldes von seiner realen Basis in der Produktion und verstärkt die finanzielle Macht der Banken.

Marx betont, dass das fiktive Kapital, das durch den Kredit entsteht, eine spekulative und illusorische Natur hat. Es beruht auf dem Vertrauen der Kapitalisten in die zukünftige Rentabilität ihrer Investitionen und kann daher jederzeit in sich zusammenbrechen. Marx hebt hervor, dass die Ausweitung des Kreditsystems letztendlich zu einer Vergrößerung der Kluft zwischen Kapitalisten und Arbeitern führt und die Ausbeutung der Arbeiterklasse verstärkt.

Zusammenfassend untersucht das Kapitel "Kredit und fiktives Kapital" die Rolle des Kredits im kapitalistischen System und die Entstehung des fiktiven Kapitals. Marx zeigt auf, dass der Kredit die Kapitalbewegung beschleunigt, aber auch zu Verschuldung und Instabilität führen kann. Das fiktive Kapital, das durch den Kredit entsteht, ist von spekulativer Natur und basiert auf dem Vertrauen in zukünftige Gewinne. Marx warnt vor den Gefahren des

Kreditsystems und betont die damit verbundene Ausbeutung der Arbeiterklasse.

Akkumulation von Geldkapital, ihr Einfluß auf den Zinsfuß

Im Kapitel "Akkumulation von Geldkapital, ihr Einfluss auf den Zinsfuß" des Buches "Das Kapital" untersucht Karl Marx den Zusammenhang zwischen der Akkumulation von Geldkapital und dem Zinsfuß im kapitalistischen System. Marx analysiert, wie die Ansammlung von Geldkapital Auswirkungen auf die Dynamik des Zinsfußes hat und welche Konsequenzen dies für die kapitalistische Wirtschaft hat.

Marx beginnt mit der Feststellung, dass das Geldkapital einen besonderen Platz im kapitalistischen Produktionsprozess einnimmt. Im Gegensatz zu den Produktionsmitteln, die in der Produktion eingesetzt werden, stellt das Geldkapital den allgemeinen Ausdruck von Wert und Reichtum dar. Es fungiert als Mittel des Austauschs und der Wertmessung.

Die Akkumulation von Geldkapital findet statt, wenn Kapitalisten einen Teil ihres Mehrwerts oder Profits nicht für den unmittelbaren Konsum ausgeben, sondern in Form von Geld zurückhalten. Dieses angesammelte Geldkapital kann dann für Investitionen, Kredite oder andere Kapitalbewegungen genutzt werden.

Marx argumentiert, dass die Akkumulation von Geldkapital direkte Auswirkungen auf den Zinsfuß hat. Wenn mehr Geldkapital angesammelt wird, steigt die Nachfrage nach Krediten, da Kapitalisten nach Möglichkeiten suchen, ihr Geld zu investieren und zu vermehren. Dies führt zu einem erhöhten Wettbewerb um Kredite und damit zu einem sinkenden Zinsfuß.

Marx betont jedoch, dass die Akkumulation von Geldkapital auch zu einem Überangebot an Kapital führen kann, insbesondere wenn die Produktion nicht im gleichen Maße wächst wie die Ansammlung von Geldkapital. Dies kann zu einem Überangebot an Krediten und einer Abnahme der profitablen Investitionsmöglichkeiten führen.

Infolgedessen steigt der Zinsfuß wieder an, da die Kapitalisten höhere Renditen für ihre Investitionen verlangen.

Marx weist darauf hin, dass der Zinsfuß nicht nur von der Nachfrage nach Krediten abhängt, sondern auch von anderen Faktoren wie dem Angebot von Kapital, der Rentabilität der Investitionen und der allgemeinen wirtschaftlichen Situation. Er argumentiert, dass die Dynamik des Zinsfußes ein Produkt der Widersprüche und Konflikte im kapitalistischen System ist.

Ein weiterer Aspekt, den Marx anspricht, ist die Rolle der Banken bei der Vermittlung von Krediten und der Regulierung des Zinsfußes. Er argumentiert, dass die Banken als zentrale Institutionen im Kreditsystem eine beträchtliche Macht über die Geldbewegungen und den Zinsfuß haben. Dies ermöglicht ihnen, Einfluss auf die Kapitalakkumulation und die Verteilung von Kapital zu nehmen.

Abschließend betont Marx, dass die Akkumulation von Geldkapital und die Dynamik des Zinsfußes wichtige Faktoren sind, die das Funktionieren des kapitalistischen Systems beeinflussen. Die Ansammlung von Geldkapital kann zu Phasen des Niedrigzinses und der Kreditexpansion führen, aber auch zu Perioden des Überangebots an Kapital und steigenden Zinsen. Diese Schwankungen haben Auswirkungen auf die Profitabilität von Investitionen, die Kreditvergabe und letztendlich auf die Dynamik des Kapitalismus als Ganzes.

Zusammenfassend untersucht das Kapitel "Akkumulation von Geldkapital, ihr Einfluss auf den Zinsfuß" die Beziehung zwischen der Ansammlung von Geldkapital und dem Zinsfuß im kapitalistischen System. Marx zeigt auf, dass die Akkumulation von Geldkapital zu einem sinkenden Zinsfuß und einer erhöhten Kreditnachfrage führen kann, aber auch zu einem Überangebot an Kapital und steigenden Zinsen. Die Dynamik des Zinsfußes ist eng mit der Kapitalakkumulation, der Rentabilität von Investitionen und der Rolle der Banken verbunden. Diese Faktoren beeinflussen die

Funktionsweise des kapitalistischen Systems und können zu Instabilität und Konflikten führen.

Die Rolle des Kredits in der kapitalistischen Produktion

Im Kapitel "Die Rolle des Kredits in der kapitalistischen Produktion" des Buches "Das Kapital" untersucht Karl Marx die Funktion und Bedeutung des Kredits im kapitalistischen Produktionsprozess. Marx analysiert, wie der Kredit als Instrument des Kapitals in der kapitalistischen Wirtschaft eingesetzt wird und welche Auswirkungen dies auf die Produktion und die kapitalistischen Beziehungen hat.

Marx beginnt damit, den Kredit als eine Form des Kapitals zu definieren. Er erklärt, dass der Kredit eine Möglichkeit für Kapitalisten ist, Kapital von anderen Kapitalisten oder Banken zu leihen, um Investitionen zu tätigen oder Geschäfte zu finanzieren. Der Kredit ermöglicht es Kapitalisten, über ihr eigenes Kapital hinaus zu operieren und größere Investitionen zu tätigen, als sie sonst könnten.

Der Kredit spielt eine wichtige Rolle in der kapitalistischen Produktion, da er es den Kapitalisten ermöglicht, ihre Geschäfte auszuweiten und neue Produktionsmittel zu erwerben. Durch den Kredit können Kapitalisten ihre Kapazitäten erweitern und mehr Waren produzieren, was zu einer Steigerung des Mehrwerts und letztendlich des Profits führt.

Marx betont jedoch, dass der Kredit auch eine Quelle der Verschuldung und der finanziellen Abhängigkeit sein kann. Kapitalisten, die Kredite aufnehmen, müssen Zinsen zahlen und sind somit den Kreditgebern gegenüber verpflichtet. Dies führt zu einer gewissen Unterordnung und Kontrolle der Kapitalisten durch die Geldgeber.

Marx weist auch auf die spekulative Natur des Kredits hin. Der Kredit ermöglicht es Kapitalisten, auf zukünftige Gewinne zu spekulieren und Investitionen zu tätigen, die auf Erwartungen basieren. Dies kann zu Überinvestitionen und Spekulationsblasen führen, die letztendlich zu Krisen und wirtschaftlichen Turbulenzen führen können.

Ein weiterer Aspekt, den Marx untersucht, ist die Rolle der Banken im Kreditsystem. Er argumentiert, dass Banken als Vermittler von Krediten eine wichtige Funktion erfüllen, da sie die Einlagen der Sparer sammeln und Kapital an Kreditnehmer verleihen. Die Banken kontrollieren den Geldfluss und beeinflussen damit die Kreditvergabe und den Zinsfuß.

Marx hebt hervor, dass der Kredit in der kapitalistischen Produktion ein ambivalentes Verhältnis hat. Einerseits ermöglicht er die Expansion des Kapitals und die Förderung des Produktionsprozesses. Andererseits verstärkt er die Ungleichheit und die Machtverhältnisse zwischen Kapitalisten und Geldgebern. Der Kredit kann zu Schuldenlasten und finanzieller Instabilität führen, insbesondere wenn übermäßige Spekulationen und Risiken eingegangen werden.

Abschließend betont Marx, dass der Kredit eine wesentliche Rolle in der kapitalistischen Produktion spielt und eng mit den Dynamiken des Kapitalismus verbunden ist. Er ermöglicht es Kapitalisten, ihre Geschäfte zu erweitern, aber gleichzeitig führt er zu Verschuldung und Abhängigkeit. Der Kredit beeinflusst die Investitionen, die Produktion und die ökonomische Entwicklung und kann zur Entstehung von Krisen und Ungleichheiten beitragen.

Zusammenfassend untersucht das Kapitel "Die Rolle des Kredits in der kapitalistischen Produktion" die Funktion und Bedeutung des Kredits im kapitalistischen System. Marx zeigt auf, dass der Kredit den Kapitalisten ermöglicht, über ihr eigenes Kapital hinaus zu operieren und größere Investitionen zu tätigen. Gleichzeitig kann der Kredit jedoch zu Verschuldung, Abhängigkeit und spekulativen Risiken führen. Die Rolle der Banken als Vermittler von Krediten und die Dynamiken des Kreditsystems beeinflussen die kapitalistische Produktion und die ökonomische Entwicklung. Der

Kredit ist somit ein zentrales Element der kapitalistischen Wirtschaft und eng mit den Widersprüchen und Herausforderungen des Kapitalismus verknüpft.

Umlaufsmittel und Kapital. Tookes und Fullartons Auffassung
Im Kapitel "Umlaufsmittel und Kapital. Tookes und Fullartons Auffassung" des Buches "Das Kapital" beschäftigt sich Karl Marx mit der Funktion und Bedeutung der Umlaufsmittel im kapitalistischen Wirtschaftssystem. Marx analysiert insbesondere die Theorien von Tookes und Fullarton, die unterschiedliche Ansichten über die Rolle der Umlaufsmittel in Bezug auf das Kapital vertreten.

Marx beginnt damit, den Begriff der Umlaufsmittel zu definieren. Umlaufsmittel sind die Geldformen, die in der Zirkulation von Waren als Zahlungsmittel dienen. Sie ermöglichen den Austausch von Waren und den reibungslosen Ablauf des Handels. Marx betont, dass Umlaufsmittel nicht identisch mit dem Kapital sind, sondern vielmehr als ein Mittel fungieren, um das Kapital zu realisieren.

Marx diskutiert die Theorie von Tookes, der argumentiert, dass die Menge der Umlaufsmittel von der Größe des Kapitals abhängt. Tookes vertritt die Ansicht, dass eine größere Menge an Umlaufsmitteln benötigt wird, um ein größeres Kapital zu bewegen. Marx kritisiert diese Sichtweise und argumentiert, dass die Größe des Kapitals nicht unmittelbar mit der Menge der Umlaufsmittel zusammenhängt. Er betont, dass das Kapital vielmehr seine eigenen Zirkulationsbedingungen schafft und die erforderlichen Umlaufsmittel je nach den spezifischen Bedingungen und Anforderungen der Produktion und des Handels variieren können.

Marx untersucht auch die Auffassung von Fullarton, der argumentiert, dass die Menge der Umlaufsmittel von der Geschwindigkeit des Umlaufs abhängt. Fullarton behauptet, dass eine schnellere Umlaufgeschwindigkeit es ermöglicht, dasselbe Kapital mit einer geringeren Menge an Umlaufsmitteln zu bewegen. Marx kritisiert diese Sichtweise ebenfalls und stellt fest, dass die

Umlaufsgeschwindigkeit zwar eine Rolle spielt, aber nicht die einzige determinierende Größe für die Menge der Umlaufsmittel ist. Er betont, dass auch andere Faktoren wie die Größe des Marktes, die Art der Produktion und die spezifischen Handelsbedingungen die benötigte Menge an Umlaufsmitteln beeinflussen.

Marx hebt hervor, dass die Menge der Umlaufsmittel letztendlich durch die Bedürfnisse der Produktion und des Handels bestimmt wird. Sie hängt von der Größe des Marktes, der Komplexität der Warenzirkulation, den Handelsbeziehungen und anderen Faktoren ab. Die Menge der Umlaufsmittel steht in einem wechselseitigen Verhältnis zum Kapital und zur Zirkulation der Waren. Sie müssen ausreichend sein, um den Austausch von Waren zu ermöglichen, aber sie sollten auch nicht übermäßig sein, um Inflation und andere negative Auswirkungen zu vermeiden.

Zusammenfassend untersucht das Kapitel "Umlaufsmittel und Kapital. Tookes und Fullartons Auffassung" die Funktion der Umlaufsmittel im kapitalistischen Wirtschaftssystem. Marx analysiert die Theorien von Tookes und Fullarton, die verschiedene Ansichten über die Beziehung zwischen Umlaufsmitteln und Kapital vertreten. Marx betont, dass die Menge der Umlaufsmittel von verschiedenen Faktoren abhängt, darunter die Größe des Marktes, die Zirkulationsbedingungen und die Bedürfnisse der Produktion und des Handels. Die Menge der Umlaufsmittel steht in einem wechselseitigen Verhältnis zum Kapital und sollte ausreichend sein, um den Handel zu erleichtern, aber nicht übermäßig, um negative Auswirkungen zu vermeiden.

Bestandteile des Bankkapitals

Im Kapitel "Bestandteile des Bankkapitals" des Buches "Das Kapital" untersucht Karl Marx die verschiedenen Komponenten des Bankkapitals und ihre Rolle im kapitalistischen Finanzsystem. Marx analysiert insbesondere die Funktionen der Banken, die Entstehung von Bankkapital und die Auswirkungen auf die kapitalistische Produktion.

Marx beginnt mit einer Definition des Bankkapitals. Das Bankkapital besteht aus den Mitteln, die von den Banken zur Verfügung gestellt werden, um Kredite zu gewähren, Zahlungen zu erleichtern und andere finanzielle Transaktionen durchzuführen. Marx betont, dass das Bankkapital eine spezifische Form des Kapitals ist, das sich von den Kapitalformen in der produktiven Sphäre unterscheidet.

Marx erklärt, dass das Bankkapital aus zwei Hauptkomponenten besteht: dem Zirkulationsmittelkapital und dem Geldhandlungskapital. Das Zirkulationsmittelkapital bezieht sich auf das Geld, das von den Banken bereitgestellt wird, um den Handel und die Zirkulation von Waren zu erleichtern. Das Geldhandlungskapital bezieht sich auf die Mittel, die die Banken verwenden, um Zahlungen abzuwickeln und die Geldversorgung in der Wirtschaft zu kontrollieren.

Marx betont, dass das Bankkapital eine wichtige Rolle in der kapitalistischen Wirtschaft spielt. Die Banken fungieren als Vermittler zwischen den Kapitalisten und den Arbeitern und erleichtern den Kapitalfluss in der Gesellschaft. Sie stellen Kredite bereit, um Investitionen zu finanzieren, und ermöglichen den Austausch von Geld und Waren durch ihre Zahlungssysteme.

Marx analysiert auch die Funktion des Bankkapitals bei der Schaffung von Geldkapital. Die Banken haben die Fähigkeit, Kredite zu gewähren und Geld zu schöpfen, indem sie Kreditgeld erzeugen. Dies ermöglicht es den Kapitalisten, zusätzliches Kapital zu akkumulieren und ihre Geschäftstätigkeit auszuweiten. Marx betont jedoch, dass die Schaffung von Geldkapital durch Kredite auch zur Instabilität und Krisenanfälligkeit des kapitalistischen Systems beitragen kann.

Darüber hinaus diskutiert Marx die Funktionen der Banken im Zusammenhang mit dem Kreditsystem und der Zirkulation von Geldkapital. Er analysiert die Rolle der Banken bei der Verwaltung von Einlagen, der Vergabe von Krediten, der Kontrolle des Zinssatzes und der Schaffung von Reservefonds.

Zusammenfassend untersucht das Kapitel "Bestandteile des Bankkapitals" die verschiedenen Komponenten des Bankkapitals und ihre Rolle im kapitalistischen Finanzsystem. Marx betont die Funktionen der Banken bei der Erleichterung des Handels, der Vergabe von Krediten und der Schaffung von Geldkapital. Das Bankkapital spielt eine wichtige Rolle bei der Vermittlung zwischen Kapitalisten und Arbeitern und ermöglicht den Kapitalfluss in der Gesellschaft. Gleichzeitig weist Marx auf die potenziellen Instabilitäten und Krisenanfälligkeiten hin, die mit dem Bankkapital und dem Kreditsystem verbunden sein können.

Geldkapital und wirkliches Kapital I

Im Kapitel "Geldkapital und wirkliches Kapital · I" des Buches "Das Kapital" untersucht Karl Marx die spezifische Rolle des Geldkapitals im kapitalistischen Produktionsprozess. Er analysiert, wie das Geldkapital verwendet wird, um den Produktionsprozess zu initiieren und den Kreislauf des Kapitals aufrechtzuerhalten.

Marx beginnt damit, das Geldkapital als eine spezielle Form des Kapitals zu definieren, die sich von anderen Kapitalformen wie dem produktiven Kapital unterscheidet. Das Geldkapital dient als Anfangspunkt des Produktionsprozesses und wird eingesetzt, um Waren und Produktionsmittel zu kaufen, Arbeitskräfte einzustellen und den Produktionsprozess in Gang zu setzen.

Marx betont, dass das Geldkapital im Gegensatz zum produktiven Kapital, das in den Produktionsprozess eingeführt wird, nicht selbst produktiv ist. Es fungiert vielmehr als Vermittler oder Medium, das den Austausch von Waren und Arbeitskraft ermöglicht. Das Geldkapital wird verwendet, um Waren zu kaufen, die dann im Produktionsprozess eingesetzt werden, um einen Mehrwert zu schaffen.

Der Hauptzweck des Geldkapitals besteht darin, den Kreislauf des Kapitals aufrechtzuerhalten. Marx beschreibt den Kapitalzyklus als den Prozess, bei dem das Kapital als Geldkapital in den Produktionsprozess eingeht, in Form von Waren und Mehrwert aus dem Produktionsprozess austritt und schließlich als erweiterter Wert oder Profit wieder als Geldkapital in den Kreislauf zurückkehrt.

Marx erläutert auch den Begriff des Kreditkapitals im Zusammenhang mit dem Geldkapital. Das Kreditkapital bezieht sich auf die Praxis der Kapitalisten, Kredite aufzunehmen, um ihr Geschäft zu finanzieren und das Geldkapital zu erweitern. Durch die Aufnahme von Krediten können Kapitalisten zusätzliches Kapital in den Produktionsprozess einführen und ihre Geschäftstätigkeit ausweiten.

Darüber hinaus diskutiert Marx die Dynamik des Geldkapitals und den Einfluss von Zinsen und Zinszahlungen auf den Kapitalzyklus. Er betont, dass das Geldkapital aufgrund der Zahlung von Zinsen eine zusätzliche Belastung für den Kapitalisten darstellt. Die Zahlung von Zinsen mindert den erzielbaren Profit und kann die Profitrate beeinflussen.

Zusammenfassend untersucht das Kapitel "Geldkapital und wirkliches Kapital · I" die spezifische Rolle des Geldkapitals im kapitalistischen Produktionsprozess. Marx erklärt, dass das Geldkapital als Ausgangspunkt des Produktionsprozesses fungiert und den Austausch von Waren und Arbeitskraft ermöglicht. Es spielt eine zentrale Rolle bei der Aufrechterhaltung des Kapitalzyklus. Marx betont auch die Bedeutung des Kreditkapitals und die Auswirkungen von Zinsen auf den Kapitalisten. Das Kapitel liefert grundlegende Einblicke in die Dynamik des Geldkapitals und dessen Verbindung zum Produktionsprozess im kapitalistischen System.

Geldkapital und wirkliches Kapital II

Im Kapitel "Geldkapital und wirkliches Kapital · II" des Buches "Das Kapital" setzt Karl Marx seine Untersuchung über die Rolle des Geldkapitals im kapitalistischen Produktionsprozess fort. In diesem Kapitel konzentriert er sich auf die Dynamik des Kreditkapitals und die Auswirkungen von Krediten auf den Kapitalzyklus.

Marx betont, dass das Kreditkapital eine wichtige Funktion in der kapitalistischen Wirtschaft hat. Kapitalisten nehmen Kredite auf, um zusätzliches Geldkapital zu erhalten, das in den Produktionsprozess investiert werden kann. Durch die Aufnahme von Krediten können Kapitalisten ihre Produktion erweitern, neue Maschinen und Anlagen kaufen und Arbeitskräfte einstellen. Der Kredit ermöglicht es den Kapitalisten, über das verfügbare Eigenkapital hinaus zu investieren und den Produktionsprozess zu intensivieren.

Marx untersucht auch die Beziehung zwischen dem Kreditkapital und dem zinstragenden Kapital. Er erklärt, dass Kredite in der Regel mit Zinsen zurückgezahlt werden müssen, was bedeutet, dass die Kapitalisten einen Teil ihres Gewinns als Zinszahlung an die Kreditgeber abführen müssen. Die Zahlung von Zinsen verringert den erzielten Profit und kann die Profitrate beeinflussen.

Darüber hinaus erörtert Marx die Risiken und Unsicherheiten, die mit dem Kreditkapital verbunden sind. Da Kredite zurückgezahlt werden müssen, besteht für Kapitalisten das Risiko, dass sie nicht in der Lage sind, ihre Schulden zurückzuzahlen. Insbesondere bei wirtschaftlichen Abschwüngen oder Krisen kann es zu Zahlungsausfällen und Konkursen kommen. Marx betont, dass der Kreditkapitalismus von Natur aus instabil ist und zu finanziellen Instabilitäten und Krisen führen kann.

Marx untersucht auch die Rolle der Banken im Zusammenhang mit dem Kreditkapital. Er argumentiert, dass Banken eine zentrale Rolle bei der Vergabe von Krediten spielen und die Finanzierung der Kapitalisten erleichtern. Banken agieren als Vermittler zwischen den Kapitalisten und den Kreditgebern und erleichtern den Fluss von Geldkapital in die Produktionsprozesse.

Zusammenfassend untersucht das Kapitel "Geldkapital und wirkliches Kapital · II" die Dynamik des Kreditkapitals und die Auswirkungen von Krediten auf den Kapitalzyklus. Marx betont die Bedeutung des Kreditkapitals für die Expansion des Kapitals und die Intensivierung des Produktionsprozesses. Er weist jedoch auch auf die Risiken und Unsicherheiten hin, die mit dem Kreditkapital verbunden sind, und betont die instabile Natur des Kreditkapitalismus. Das Kapitel bietet einen Einblick in die komplexe Beziehung zwischen dem Kreditkapital, den Zinszahlungen und der Rolle der Banken im kapitalistischen Wirtschaftssystem.

Geldkapital und wirkliches Kapital III

Im Kapitel "Geldkapital und wirkliches Kapital · III" des Buches "Das Kapital" von Karl Marx setzt er seine Untersuchung über die Rolle des Geldkapitals im kapitalistischen Produktionsprozess fort. In diesem Kapitel befasst sich Marx mit dem Verhältnis zwischen dem Geldkapital und dem produktiven Kapital sowie mit der Funktion des Geldkapitals bei der Realisierung des Warenkapitals.

Marx erklärt, dass das Geldkapital als eine besondere Form des Kapitals betrachtet werden muss, da es nicht unmittelbar in den Produktionsprozess eintritt, sondern als Vermittler zwischen dem produktiven Kapital und dem Warenkapital fungiert. Das Geldkapital wird verwendet, um Waren und Produktionsmittel zu kaufen und somit den Produktionsprozess in Gang zu bringen. Es dient als Bindeglied zwischen dem Geld als universellem Äquivalent und dem spezifischen Wert der Waren.

Marx betont, dass das Geldkapital eine aktive Rolle bei der Zirkulation und Realisierung des Warenkapitals spielt. Es ermöglicht den Austausch von Waren auf dem Markt, indem es als Zahlungsmittel fungiert. Das Geldkapital ermöglicht es den Kapitalisten, die produzierten Waren zu verkaufen und dadurch Profit zu erzielen. Es ist das Bindeglied zwischen der Produktionssphäre und der Konsumtionssphäre.

Ein weiterer wichtiger Aspekt, den Marx in diesem Kapitel behandelt, ist das Verhältnis zwischen dem Geldkapital und dem produktiven Kapital. Er erklärt, dass das Geldkapital als Voraussetzung für den Produktionsprozess dient. Kapitalisten benötigen Geldkapital, um Produktionsmittel, Rohstoffe und Arbeitskräfte zu erwerben. Das Geldkapital ermöglicht es den Kapitalisten, den Produktionsprozess in Gang zu setzen und Mehrwert zu schaffen.

Marx untersucht auch die Dynamik des Geldkapitals in Bezug auf die Akkumulation von Kapital. Er erklärt, dass das Geldkapital, das aus dem Verkauf von Waren resultiert, wieder in den Produktionsprozess investiert werden kann. Durch die Akkumulation von Geldkapital kann der Kapitalist seinen Produktionsapparat erweitern und den Produktionsprozess intensivieren. Dies führt zu einer weiteren Akkumulation von Kapital und ermöglicht es dem Kapitalisten, seinen Profit zu steigern.

Zusammenfassend untersucht das Kapitel "Geldkapital und wirkliches Kapital · III" die Funktion des Geldkapitals bei der Realisierung des Warenkapitals und als Vermittler zwischen dem produktiven Kapital und dem Warenkapital. Marx betont die aktive Rolle des Geldkapitals in der Zirkulation von Waren und der Akkumulation von Kapital. Das Kapitel zeigt, wie das Geldkapital als Voraussetzung für den Produktionsprozess dient und es den Kapitalisten ermöglicht, Mehrwert zu schaffen und ihren Profit zu steigern. Es beleuchtet die komplexe Beziehung zwischen dem Geldkapital und dem produktiven Kapital im kapitalistischen Wirtschaftssystem.

Das Umlaufsmittel unter dem Kreditsystem

Im Kapitel "Das Umlaufsmittel unter dem Kreditsystem" des Buches "Das Kapital" von Karl Marx untersucht Marx die Rolle des Umlaufsmittels im Kontext des Kreditsystems. Er analysiert, wie das Umlaufsmittel, insbesondere das Geld, unter dem Einfluss des Kreditsystems fungiert und wie dies die Dynamik der kapitalistischen Wirtschaft beeinflusst.

Marx erklärt, dass das Umlaufsmittel eine wichtige Funktion bei der Realisierung des Warenkapitals und dem Austausch von Waren spielt. Es ermöglicht den reibungslosen Fluss von Waren auf dem

Markt und erleichtert den Tauschprozess. Das Umlaufsmittel ist in der Regel Geld, das als allgemeines Äquivalent fungiert und den Wert von Waren repräsentiert.

Unter dem Kreditsystem erfährt das Umlaufsmittel jedoch eine Veränderung. Marx betont, dass der Kredit die Funktion des Umlaufsmittels erweitert und die Menge an Geldkapital reduziert, das tatsächlich für den Austausch von Waren benötigt wird. Durch den Kredit können Waren auf Kredit gekauft und erst zu einem späteren Zeitpunkt bezahlt werden. Dadurch wird die Notwendigkeit von Bargeld für den Warenaustausch verringert.

Marx unterscheidet zwischen zwei Arten von Kredit: dem zinstragenden Kredit und dem Handelskredit. Der zinstragende Kredit bezieht sich auf Kredite, bei denen Zinsen gezahlt werden müssen. Dies ermöglicht es Kapitalisten, Kapital zu leihen und es für profitable Investitionen zu nutzen. Der Handelskredit hingegen bezieht sich auf den zeitlichen Unterschied zwischen dem Kauf und der Bezahlung von Waren. Händler können Waren auf Kredit kaufen und erst später bezahlen, was ihnen ermöglicht, von der Vorverlegung des Verkaufs zu profitieren.

Marx betont jedoch, dass der Kredit nicht unendlich erweitert werden kann. Es gibt Grenzen für die Kreditvergabe, da das Vertrauen und die Zahlungsfähigkeit der Kreditnehmer berücksichtigt werden müssen. Zudem führt die Ausweitung des Kreditsystems zu finanziellen Spekulationen und Krisen, die das kapitalistische System destabilisieren können.

Zusammenfassend untersucht das Kapitel "Das Umlaufsmittel unter dem Kreditsystem" die Rolle des Umlaufsmittels, insbesondere des Geldes, im Kontext des Kreditsystems. Marx erläutert, wie der Kredit die Funktion des Umlaufsmittels erweitert und den Geldbedarf für den Warenaustausch verringert. Er unterscheidet zwischen zinstragendem Kredit und Handelskredit und betont die Grenzen und Risiken des Kreditsystems. Das Kapitel verdeutlicht die komplexe Dynamik zwischen Umlaufsmittel, Kredit und Warenaustausch im kapitalistischen Wirtschaftssystem.

Das Currency Principle

Im Kapitel "Das Currency Principle und die englische Bankgesetzgebung von 1844" des Buches "Das Kapital" von Karl Marx beschäftigt sich Marx mit der Bankgesetzgebung in England, insbesondere dem sogenannten Currency Principle, das im Jahr 1844 eingeführt wurde. Er analysiert die Auswirkungen dieser Gesetzgebung auf das Geldsystem und die kapitalistische Wirtschaft.

Marx erklärt zunächst das Currency Principle, das besagt, dass die Banknotenemission einer Zentralbank vollständig durch den Wert von Edelmetallen wie Gold und Silber gedeckt sein sollte. Die Idee hinter diesem Prinzip war es, die Inflation einzudämmen und das Vertrauen in das Geld zu stärken. Marx kritisiert jedoch, dass dieses Prinzip die Möglichkeit der Banken einschränkt, Kredite zu vergeben und damit die Ausweitung des Kreditsystems zu begrenzen.

Marx analysiert die Auswirkungen des Currency Principle auf die englische Bankgesetzgebung von 1844, die auch als Peel's Act bekannt ist. Diese Gesetzgebung schrieb vor, dass die Bank of England ihre Banknotenausgabe auf den Wert der von ihr gehaltenen Goldreserven beschränken musste. Dies sollte die Stabilität des Geldes gewährleisten und eine übermäßige Ausweitung der Geldmenge verhindern.

Marx argumentiert jedoch, dass das Currency Principle und die Bankgesetzgebung von 1844 in Wirklichkeit die Macht der Banken einschränken und den Kreditfluss behindern. Dies habe wiederum negative Auswirkungen auf die wirtschaftliche Aktivität, da die Kreditvergabe ein wesentlicher Motor des kapitalistischen Wachstums ist.

Marx kritisiert auch die Widersprüche und Schwächen des Currency Principle. Er argumentiert, dass die Deckung des Geldes durch Edelmetalle eine begrenzte und willkürliche Form der Wertermittlung darstellt. Zudem führe die Bindung an Edelmetalle zu einer Einschränkung der Flexibilität des Geldsystems und könne zu finanziellen Krisen führen, wenn das Verhältnis von Gold zu Geld aus dem Gleichgewicht gerät.

Zusammenfassend untersucht das Kapitel "Das Currency Principle und die englische Bankgesetzgebung von 1844" die Auswirkungen des Currency Principle auf das Geldsystem und die kapitalistische Wirtschaft. Marx kritisiert die Einschränkungen, die durch dieses Prinzip und die entsprechende Gesetzgebung auf die Kreditvergabe und das Wachstum des Kreditsystems ausgeübt werden. Er weist auf die Widersprüche und Schwächen des Currency Principle hin und argumentiert, dass eine starre Bindung an Edelmetalle das Geldsystem und die Wirtschaft destabilisieren kann. Das Kapitel wirft einen kritischen Blick auf die Bankgesetzgebung von 1844 und bietet eine marxistische Analyse der Funktionsweise des Geldsystems in der kapitalistischen Gesellschaft.

Edelmetall und Wechselkurs

Im Kapitel "Edelmetall und Wechselkurs" des Buches "Das Kapital" von Karl Marx widmet sich Marx der Untersuchung der Rolle von Edelmetallen, insbesondere Gold und Silber, im kapitalistischen Geldsystem und deren Auswirkungen auf den Wechselkurs.

Marx beginnt damit, die historische Bedeutung von Edelmetallen als allgemein akzeptiertes Tauschmittel zu erläutern. Er betont, dass die Verwendung von Edelmetallen als Geld auf ihrer Knappheit und den damit verbundenen Schwierigkeiten bei der Förderung und Beschaffung beruht. Diese Knappheit verleiht den Edelmetallen einen besonderen Wert und macht sie zu einer geeigneten Form des Geldes.

Dann untersucht Marx den Einfluss von Wechselkursen auf den internationalen Handel. Er erklärt, dass der Wechselkurs den Wert einer Währung in Bezug auf eine andere Währung angibt und somit den Preis für den Austausch von Gütern zwischen verschiedenen Ländern bestimmt. Marx betont, dass der Wechselkurs stark von Angebot und Nachfrage nach den betreffenden Währungen abhängt.

Marx analysiert weiterhin den Zusammenhang zwischen Edelmetallen und dem Wechselkurs. Er argumentiert, dass die Menge an Edelmetallen in einem Land direkten Einfluss auf den Wechselkurs hat. Wenn ein Land beispielsweise über große Gold- oder Silbervorräte verfügt, wird seine Währung im internationalen Vergleich aufgewertet, da diese Edelmetalle als werthaltige Reserven angesehen werden.

Marx betrachtet auch die Auswirkungen von Wechselkursschwankungen auf die Handelsbeziehungen zwischen Ländern. Er argumentiert, dass Länder mit einer aufgewerteten Währung einen Vorteil im Handel haben, da ihre Exporte günstiger werden und ihre Importe teurer. Umgekehrt haben Länder mit abgewerteter Währung Schwierigkeiten im internationalen Handel, da ihre Exporte teurer werden und ihre Importe günstiger.

Des Weiteren analysiert Marx die Bedeutung von Wechselkursen für die kapitalistische Akkumulation. Er betont, dass Wechselkursschwankungen die internationalen Investitionsströme beeinflussen können. Wenn eine Währung abgewertet wird, kann dies dazu führen, dass ausländische Investoren vermehrt in dieses Land fließen, da Investitionen dort günstiger werden. Dies kann wiederum zu einer Kapitalakkumulation in diesem Land führen.

Zusammenfassend untersucht das Kapitel "Edelmetall und Wechselkurs" die Rolle von Edelmetallen im Geldsystem und deren Auswirkungen auf den Wechselkurs. Marx betont die Knappheit von Edelmetallen und ihre Bedeutung als allgemein akzeptiertes Tauschmittel. Er analysiert den Zusammenhang zwischen Edelmetallen und Wechselkursen und argumentiert, dass die Menge an Edelmetallen in einem Land direkten Einfluss auf den Wechselkurs hat. Marx untersucht auch die Auswirkungen von

Wechselkursschwankungen auf den internationalen Handel und die kapitalistische Akkumulation. Das Kapitel bietet eine kritische Analyse des Geldsystems und zeigt, wie Edelmetalle und Wechselkurse wichtige Faktoren in der kapitalistischen Wirtschaft sind.

Vorkapitalistisches

Im Kapitel "Vorkapitalistisches" des Buches "Das Kapital" von Karl Marx untersucht Marx die historischen Vorläufer des kapitalistischen Wirtschaftssystems und beleuchtet die spezifischen Merkmale und Funktionsweisen dieser vorkapitalistischen Gesellschaftsformen.

Marx beginnt damit, die feudale Produktionsweise zu analysieren, die in Europa vor dem Aufkommen des Kapitalismus vorherrschend war. Er beschreibt das feudale System, in dem der Adel Landbesitz und die Kontrolle über die Produktion hatte, während die Bauern als Leibeigene auf den Ländereien des Adels arbeiteten. Marx betont die grundlegenden Widersprüche dieses Systems, insbesondere die Ausbeutung der Bauern durch den Adel und die Beschränkungen, die die feudale Hierarchie der sozialen Mobilität auferlegte.

Marx untersucht auch andere Formen vorkapitalistischer Produktionsweise, wie etwa das antike Sklavensystem in der römischen Gesellschaft oder das asiatische Despotentum. Er betont, dass diese Gesellschaftsformen ebenfalls von Ausbeutung und sozialer Ungleichheit geprägt waren, jedoch auf unterschiedliche Weise als der Kapitalismus. Marx hebt hervor, dass die kapitalistische Produktionsweise auf dem Privateigentum an den Produktionsmitteln und der Ausbeutung der Lohnarbeiter durch die Kapitalisten basiert.

Des Weiteren analysiert Marx die Übergangsperiode vom Feudalismus zum Kapitalismus und die Rolle des Handelskapitals in diesem Prozess. Er betont, dass der Handel und die Entwicklung des Marktmechanismus wichtige Voraussetzungen für die

Entstehung des Kapitalismus waren. Marx erklärt, wie das Handelskapital den Austausch von Waren über größere Entfernungen und den Aufbau von Handelsnetzwerken ermöglichte, was wiederum die Entwicklung des Kapitals und die Expansion des Kapitalismus begünstigte.

Zusammenfassend untersucht das Kapitel "Vorkapitalistisches" die verschiedenen vorkapitalistischen Gesellschaftsformen und zeigt deren spezifische Merkmale und Widersprüche auf. Marx betont die Ausbeutung und soziale Ungleichheit, die in diesen Systemen vorhanden waren, und zeigt, wie der Übergang zum Kapitalismus aufgrund der Entwicklungen im Handel und der Marktmechanismen stattfand. Das Kapitel verdeutlicht den historischen Kontext, in dem sich der Kapitalismus entwickelte, und legt den Grundstein für die weiteren Analysen von Marx über das kapitalistische Wirtschaftssystem.

Die Differentialrente: Allgemeines
Im Kapitel "Die Differentialrente: Allgemeines" des Buches "Das Kapital" von Karl Marx untersucht Marx die Entstehung und Funktionsweise der Differentialrente im kapitalistischen System. Die Differentialrente bezieht sich auf die zusätzlichen Profite, die bestimmte Landbesitzer aus der Nutzung von fruchtbareren Böden erzielen können, während andere Landbesitzer auf weniger fruchtbaren Böden niedrigere Profite erzielen.

Marx erklärt, dass die Differentialrente aus dem Unterschied in der Fruchtbarkeit des Bodens resultiert. Einige Ländereien sind natürlicherweise fruchtbarer als andere und erfordern weniger Aufwand, um hohe Erträge zu erzielen. Diese Ländereien werden als "gute Böden" bezeichnet. Aufgrund ihrer fruchtbareren Natur können sie eine größere Menge an Produkten pro Flächeneinheit liefern.

Marx argumentiert, dass die Landbesitzer von guten Böden einen Vorteil haben, da sie ihre Produkte zu niedrigeren Kosten produzieren können als diejenigen, die weniger fruchtbare Böden haben. Dies ermöglicht es ihnen, ihre Produkte zu einem niedrigeren Preis auf dem Markt anzubieten und dennoch einen angemessenen Gewinn zu erzielen.

Die Landbesitzer von weniger fruchtbaren Böden sind jedoch gezwungen, mehr Aufwand zu betreiben, um ähnliche Erträge zu erzielen. Sie müssen möglicherweise Düngemittel verwenden, verbesserte Anbaumethoden anwenden oder andere Maßnahmen ergreifen, um die Produktivität ihrer Böden zu steigern. Dies führt zu höheren Produktionskosten und damit zu geringeren Profiten.

Marx betont, dass die Differentialrente eine spezifische Form der Mehrwertaneignung ist, die auf der Eigentumsstruktur des Bodens basiert. Die Landbesitzer von guten Böden können aufgrund ihres privilegierten Zugangs zu fruchtbarerem Land einen zusätzlichen Profit erzielen. Dies bedeutet, dass der Mehrwert, der von den Arbeitern erzeugt wird, in Form von zusätzlichen Profiten an die Landbesitzer fließt, anstatt vollständig in den Taschen der Kapitalisten zu bleiben.

Marx weist darauf hin, dass die Differentialrente eine zusätzliche Einnahmequelle für die Landbesitzer darstellt und zu einer weiteren Kluft zwischen den verschiedenen Klassen der Gesellschaft führt. Die Landbesitzer von guten Böden können ihre Einnahmen erhöhen, während andere, insbesondere Landbesitzer von weniger fruchtbaren Böden, niedrigere Profite erzielen und möglicherweise sogar Verluste erleiden.

Insgesamt liefert das Kapitel "Die Differentialrente: Allgemeines" eine theoretische Grundlage für das Verständnis der Differentialrente als einen spezifischen Mechanismus der Mehrwertaneignung im kapitalistischen System. Es verdeutlicht die Rolle der Bodenfruchtbarkeit und der Eigentumsverhältnisse bei der Entstehung von zusätzlichen Profiten für bestimmte Landbesitzer und wirft gleichzeitig Fragen der sozialen Ungleichheit und der Verteilung von Ressourcen auf.

Erste Form der Differentialrente

Im Kapitel "Erste Form der Differentialrente" des Buches "Das Kapital" von Karl Marx untersucht Marx eine der grundlegenden Formen der Differentialrente, die sich aus der unterschiedlichen Fruchtbarkeit der Böden ergibt. Marx analysiert, wie sich diese Form der Differentialrente in der kapitalistischen Produktion entwickelt und welche Auswirkungen sie auf die Verteilung des Mehrwerts hat.

Marx erklärt, dass die Differentialrente entsteht, wenn verschiedene Landbesitzer unterschiedlich fruchtbare Böden besitzen. Aufgrund der natürlichen Gegebenheiten produzieren einige Ländereien höhere Erträge pro Flächeneinheit als andere. Dies führt zu unterschiedlichen Produktionskosten und Profiten für die Landbesitzer.

In der ersten Form der Differentialrente konzentriert sich Marx auf die Situation, in der die Landbesitzer von fruchtbareren Böden zusätzliche Profite erzielen können, während die Landbesitzer von weniger fruchtbaren Böden nur die durchschnittlichen Profite erzielen. Die zusätzlichen Profite resultieren aus der geringeren Produktionskosten auf den fruchtbareren Böden.

Marx argumentiert, dass die Landbesitzer von fruchtbareren Böden ihre Produkte zu niedrigeren Kosten produzieren können, da sie weniger Arbeitsaufwand und weniger Ausgaben für Düngemittel oder andere Produktionsmittel benötigen. Dadurch können sie ihre Produkte zu einem niedrigeren Preis auf dem Markt anbieten und dennoch einen überdurchschnittlichen Profit erzielen.

Die Landbesitzer von weniger fruchtbaren Böden haben jedoch höhere Produktionskosten und erzielen daher nur die durchschnittlichen Profite. Sie müssen möglicherweise zusätzliche Investitionen tätigen, um die Produktivität ihres Bodens zu steigern, aber selbst dann können sie nicht mit den niedrigeren Produktionskosten der Landbesitzer von fruchtbareren Böden konkurrieren.

Marx betont, dass die Differentialrente eine Form der Mehrwertaneignung ist, bei der die Landbesitzer von fruchtbareren Böden den Mehrwert, der von den Arbeitern erzeugt wird, in Form von zusätzlichen Profiten erhalten. Diese zusätzlichen Profite werden aufgrund der besonderen Eigenschaften ihrer Böden generiert und führen zu einer weiteren Ungleichheit in der Verteilung des Mehrwerts zwischen den verschiedenen Landbesitzern.

Die erste Form der Differentialrente zeigt die Auswirkungen der natürlichen Bedingungen auf die Verteilung von Profiten im kapitalistischen System. Sie verdeutlicht, wie die Eigenschaften des Bodens und die unterschiedliche Produktivität der Landwirtschaftsflächen zu einer ungleichen Verteilung von Mehrwert und Profiten führen können.

Dieses Kapitel stellt einen wichtigen Beitrag zur Marx'schen Analyse der Differentialrente dar und bietet einen Einblick in die Mechanismen, die zur Entstehung und Aufrechterhaltung von Ungleichheiten in der kapitalistischen Produktion beitragen. Es legt die Grundlage für weitere Untersuchungen zur Differentialrente und deren Auswirkungen auf die soziale und ökonomische Struktur der Gesellschaft.

Marx konzentriert sich zunächst auf die Frage, wie sich die Differentialrente in der Praxis entwickelt. Er erklärt, dass die zusätzlichen Profite, die die Landbesitzer von fruchtbareren Böden erzielen, sie dazu ermutigen, ihre Produktion zu erweitern und mehr Land zu kultivieren. Dadurch steigt jedoch die Nachfrage nach landwirtschaftlichen Produkten, was zu einem Anstieg der Preise führt.

Marx betont, dass der Anstieg der Preise von landwirtschaftlichen Produkten die Möglichkeit für Landbesitzer von weniger fruchtbaren Böden eröffnet, ebenfalls zusätzliche Profite zu erzielen. Da die Preise steigen, können auch sie ihre Produkte zu höheren Preisen verkaufen und somit überdurchschnittliche Gewinne erzielen. Dies geschieht, obwohl ihre Produktionskosten höher sind als die der Landbesitzer von fruchtbareren Böden.

Diese Dynamik führt zu einer interessanten Entwicklung: Die zusätzlichen Profite, die ursprünglich den Landbesitzern von fruchtbareren Böden vorbehalten waren, werden durch den Anstieg der Preise aufgrund der gestiegenen Nachfrage und des begrenzten Angebots von landwirtschaftlichen Produkten teilweise an alle Landbesitzer weitergegeben. Dadurch verringert sich der Unterschied zwischen den verschiedenen Kategorien von Landbesitzern.

Marx betont jedoch, dass die Landbesitzer von fruchtbareren Böden nach wie vor einen Vorteil haben, da ihre Produktionskosten immer noch niedriger sind und sie daher immer noch überdurchschnittliche Gewinne erzielen können. Der Unterschied besteht nun darin, dass auch die Landbesitzer von weniger fruchtbaren Böden von der gestiegenen Nachfrage und den höheren Preisen profitieren können.

Marx geht auch auf die Frage der Bodenrente ein und argumentiert, dass die Differentialrente in der ersten Form eine spezifische Form der Bodenrente ist. Die Landbesitzer von fruchtbareren Böden profitieren von den natürlichen Eigenschaften ihres Bodens und können daher überdurchschnittliche Gewinne erzielen. Dies steht im Gegensatz zur Kapitalrente, die aus dem Einsatz von Kapital und Arbeit resultiert.

Die Untersuchung der ersten Form der Differentialrente ermöglicht es Marx, die komplexen Wechselwirkungen zwischen Bodeneigenschaften, Preisen, Produktionskosten und Profiten im kapitalistischen System zu verdeutlichen. Sie zeigt auf, wie die natürlichen Gegebenheiten und die daraus resultierenden Produktivitätsunterschiede zu einer Ungleichheit in der Verteilung des Mehrwerts führen können.

Dieses Kapitel stellt somit einen weiteren wichtigen Schritt in Marx' Analyse der Differentialrente dar und liefert einen tieferen Einblick in die Mechanismen und Dynamiken, die die kapitalistische Landwirtschaft prägen. Es zeigt auch die Bedeutung der Preise und des Wettbewerbs für die Verteilung von Profiten und verdeutlicht die Rolle der Differentialrente bei der Entstehung und Aufrechterhaltung von Ungleichheiten im kapitalistischen System.

Die Differentialrente - Konstanter Produktionspreis
Das Kapitel "Die Differentialrente II - Erster Fall: Konstanter Produktionspreis" ist Teil des Buches "Das Kapital" von Karl Marx und behandelt die Differentialrente im Kontext eines konstanten Produktionspreises. In diesem Kapitel analysiert Marx die Auswirkungen der Differentialrente auf die Produktion und die Verteilung des Mehrwerts.

Marx beginnt damit, die Situation zu skizzieren, in der der Produktionspreis für landwirtschaftliche Produkte konstant bleibt. Das bedeutet, dass die Produktionskosten für die verschiedenen Landbesitzer, die unterschiedlich fruchtbare Böden bewirtschaften, gleich sind. In dieser Situation ist der Preisunterschied zwischen den Produkten der verschiedenen Landbesitzer allein auf die Unterschiede in der natürlichen Fruchtbarkeit des Bodens zurückzuführen.

Unter diesen Bedingungen zeigt Marx auf, dass die Landbesitzer von fruchtbareren Böden überdurchschnittliche Gewinne erzielen können. Da ihre Produktionskosten niedriger sind als der konstante Produktionspreis, können sie ihre Produkte zu einem höheren Preis verkaufen und somit einen zusätzlichen Profit erzielen. Dieser zusätzliche Profit wird als Differentialrente bezeichnet.

Marx erklärt, dass die Differentialrente in diesem Fall eine reine Verteilungsform der Mehrwertrealisierung ist. Sie resultiert aus den natürlichen Unterschieden in der Bodenfruchtbarkeit und der unterschiedlichen Position der Landbesitzer auf dem Markt. Die Landbesitzer von fruchtbareren Böden können aufgrund ihrer niedrigeren Produktionskosten einen Teil des Mehrwerts aus dem Verkauf ihrer Produkte einbehalten.

Marx betont jedoch, dass die Differentialrente im ersten Fall nicht auf die produktive Nutzung von Kapital oder die Schaffung von Mehrwert durch Arbeit zurückzuführen ist. Sie beruht ausschließlich auf der natürlichen Fruchtbarkeit des Bodens und den Preisunterschieden auf dem Markt.

Ein weiterer wichtiger Aspekt, den Marx hervorhebt, ist die Tatsache, dass die Differentialrente im ersten Fall keinen Einfluss auf den allgemeinen Profit und die allgemeine Profitrate hat. Die zusätzlichen Gewinne der Landbesitzer von fruchtbareren Böden werden nicht auf Kosten der anderen Kapitalisten oder des industriellen Sektors erzielt. Sie entstehen ausschließlich aus den Preisdifferenzen, die auf den Bodeneigenschaften beruhen.

Marx schließt das Kapitel mit der Feststellung, dass die Differentialrente im ersten Fall keinen Einfluss auf die allgemeinen ökonomischen Gesetze des Kapitalismus hat. Sie ist eine spezifische Erscheinungsform der Rente, die aus den natürlichen Unterschieden in der Bodenfruchtbarkeit resultiert.

Dieses Kapitel verdeutlicht die Rolle der natürlichen Faktoren und der Preisbildung bei der Entstehung der Differentialrente. Es zeigt, dass die Rente nicht nur eine Frage der Produktionskosten und des Einsatzes von Kapital und Arbeit ist, sondern auch von den natürlichen Gegebenheiten des Bodens und den Marktbedingungen abhängt. Es betont die Bedeutung der Differentialrente als Verteilungsmechanismus und unterstreicht die Komplexität der kapitalistischen Produktionsweise.

Die Differentialrente - Fallender Produktionspreis
Das Kapitel "Die Differentialrente II - Zweiter Fall: Fallender Produktionspreis" ist Teil des Buches "Das Kapital" von Karl Marx und behandelt die Differentialrente im Kontext eines fallenden Produktionspreises. In diesem Kapitel analysiert Marx die

Auswirkungen des Produktionspreisrückgangs auf die Verteilung des Mehrwerts zwischen den verschiedenen Landbesitzern.

Marx beginnt damit, die Situation zu skizzieren, in der der Produktionspreis für landwirtschaftliche Produkte aufgrund technologischer Fortschritte und verbesserten Anbaumethoden fällt. Durch die Anwendung von Kapital und Arbeit kann mehr produziert werden, und die Produktionskosten pro Einheit sinken. Dies führt zu einem Rückgang des Produktionspreises.

Unter diesen Bedingungen zeigt Marx auf, dass die Landbesitzer von weniger fruchtbaren Böden, die höhere Produktionskosten haben, nicht mehr in der Lage sind, den Produktionspreis zu erzielen und einen angemessenen Profit zu erzielen. Sie sind gezwungen, ihre Produkte zu niedrigeren Preisen zu verkaufen, um mit den Landbesitzern von fruchtbareren Böden zu konkurrieren.

Die Landbesitzer von fruchtbareren Böden hingegen können weiterhin einen Profit erzielen, obwohl der Produktionspreis gesunken ist. Da ihre Produktionskosten niedriger sind als der neue Produktionspreis, können sie ihre Produkte zu einem höheren Preis verkaufen und somit einen zusätzlichen Profit erzielen. Dieser zusätzliche Profit wird als Differentialrente bezeichnet.

Marx erklärt, dass die Differentialrente im zweiten Fall aus der Differenz zwischen dem neuen Produktionspreis und den Produktionskosten der Landbesitzer von fruchtbareren Böden resultiert. Da die Produktionskosten der weniger fruchtbaren Böden höher sind als der neue Produktionspreis, können sie keinen Profit mehr erzielen. Die Landbesitzer von fruchtbareren Böden hingegen können aufgrund ihrer niedrigeren Produktionskosten weiterhin Gewinne erzielen.

Marx betont, dass die Differentialrente im zweiten Fall eine Form der Mehrwertrealisierung ist, die auf dem Unterschied zwischen dem Produktionspreis und den Produktionskosten beruht. Sie zeigt, dass die Landbesitzer von fruchtbareren Böden einen zusätzlichen

Profit erzielen können, indem sie den Unterschied zwischen dem neuen Produktionspreis und ihren niedrigeren Produktionskosten nutzen.

Ein wichtiger Aspekt, den Marx hervorhebt, ist, dass die Differentialrente im zweiten Fall einen Einfluss auf den allgemeinen Profit und die allgemeine Profitrate hat. Die zusätzlichen Gewinne der Landbesitzer von fruchtbareren Böden werden auf Kosten der anderen Kapitalisten oder des industriellen Sektors erzielt. Sie entstehen durch die Umverteilung von Gewinnen von den Landbesitzern von weniger fruchtbaren Böden zu den Landbesitzern von fruchtbareren Böden.

Marx schließt das Kapitel mit der Feststellung, dass die Differentialrente im zweiten Fall einen Einfluss auf die allgemeinen ökonomischen Gesetze des Kapitalismus hat. Sie zeigt die Widersprüche und Ungleichheiten, die in der kapitalistischen Produktion und Verteilung entstehen können, wenn die Produktionspreise fallen.

Dieses Kapitel verdeutlicht die Bedeutung des Produktionspreises und der Produktionskosten für die Entstehung der Differentialrente. Es zeigt, wie technologische Fortschritte und verbesserte Anbaumethoden die Verteilung des Mehrwerts zwischen den Landbesitzern beeinflussen können. Es betont die Dynamik und Komplexität der kapitalistischen Produktionsweise und die Rolle der Differentialrente bei der Umverteilung von Gewinnen zwischen den verschiedenen Sektoren der Wirtschaft.

Die Differentialrente - Steigender Produktionspreis

Das Kapitel "Die Differentialrente II - Dritter Fall: Steigender Produktionspreis. Resultate" ist ein Teil des Buches "Das Kapital" von Karl Marx. In diesem Kapitel beschäftigt sich Marx mit den Auswirkungen eines steigenden Produktionspreises auf die Differentialrente und analysiert die Veränderungen in der Verteilung des Mehrwerts zwischen den verschiedenen Landbesitzern.

Marx beginnt mit der Annahme, dass der Produktionspreis aufgrund verschiedener Faktoren, wie steigender Lohnkosten oder knapper werdender Ressourcen, ansteigt. Dies führt zu höheren Produktionskosten für landwirtschaftliche Produkte. Unter diesen Bedingungen untersucht Marx die Veränderungen in der Verteilung des Mehrwerts zwischen den Landbesitzern.

Im dritten Fall der Differentialrente steigt der Produktionspreis über die Produktionskosten der Landbesitzer von fruchtbareren Böden hinaus. Dies bedeutet, dass alle Landbesitzer, unabhängig von der Fruchtbarkeit ihrer Böden, einen Profit erzielen können. Der Unterschied besteht jedoch darin, dass die Landbesitzer von fruchtbareren Böden einen höheren Profit erzielen, da ihre Produktionskosten niedriger sind als der gestiegene Produktionspreis.

Marx erklärt, dass im dritten Fall die Differentialrente als Differenz zwischen dem gestiegenen Produktionspreis und den Produktionskosten der Landbesitzer von fruchtbareren Böden entsteht. Die Landbesitzer von weniger fruchtbaren Böden erhalten ebenfalls einen Profit, der jedoch geringer ist als der der Landbesitzer von fruchtbareren Böden.

Ein wichtiger Aspekt, den Marx betont, ist, dass der steigende Produktionspreis die Profitrate für alle Landbesitzer erhöht. Da der gestiegene Produktionspreis über die Produktionskosten hinausgeht, steigt der absolute Mehrwert, den die Landbesitzer erhalten. Dies führt zu einer Erhöhung des Profits und der Profitrate.

Marx weist jedoch darauf hin, dass der steigende Produktionspreis auch die Kosten für den industriellen Sektor erhöht, der landwirtschaftliche Produkte benötigt. Dadurch steigt der konstante Kapitalanteil im Verhältnis zum variablen Kapitalanteil in der Produktion, was zu einer sinkenden allgemeinen Profitrate führen kann.

Marx schließt das Kapitel mit der Feststellung, dass die Differentialrente im dritten Fall aufgrund des gestiegenen Produktionspreises entsteht. Sie beeinflusst die Verteilung des Mehrwerts zwischen den Landbesitzern, wobei die Landbesitzer von fruchtbareren Böden einen höheren Profit erzielen als diejenigen von weniger fruchtbaren Böden. Gleichzeitig kann der steigende Produktionspreis Auswirkungen auf die allgemeine Profitrate haben, da er die Kosten im industriellen Sektor erhöht.

Dieses Kapitel verdeutlicht die komplexen Zusammenhänge zwischen Produktionspreis, Produktionskosten und Mehrwertverteilung. Es zeigt, wie der steigende Produktionspreis die Differentialrente beeinflusst und die Profitrate sowohl für die Landbesitzer als auch für den industriellen Sektor beeinflussen kann. Es betont die Bedeutung der ökonomischen Dynamik im Kapitalismus und die Rolle der Differentialrente bei der Umverteilung des Mehrwerts zwischen den verschiedenen Sektoren der Wirtschaft.

Differentialrente auch auf dem schlechtesten bebauten Boden
Das Kapitel "Differentialrente auch auf dem schlechtesten bebauten Boden" ist ein Teil des Buches "Das Kapital" von Karl Marx. In diesem Kapitel beschäftigt sich Marx mit der Frage, ob auch auf dem schlechtesten bebauten Boden eine Differentialrente entstehen kann und welche Auswirkungen dies auf die Verteilung des Mehrwerts hat.

Marx geht davon aus, dass der schlechteste bebauten Boden die Grenze der Rentabilität darstellt. Auf diesem Boden werden nur minimale Erträge erzielt, die gerade ausreichen, um die Produktionskosten zu decken. Unter diesen Bedingungen stellt sich die Frage, ob auf diesem Boden überhaupt eine Differentialrente entstehen kann.

Marx argumentiert, dass auch auf dem schlechtesten bebauten Boden eine Differentialrente entsteht, obwohl sie minimal ist. Dies liegt daran, dass der Preis der landwirtschaftlichen Produkte nicht nur von den Produktionskosten auf dem schlechtesten Boden bestimmt wird, sondern von den Produktionskosten auf allen Böden, einschließlich der fruchtbareren.

Da die Preise durch das Verhältnis von Angebot und Nachfrage bestimmt werden, müssen die Produktionskosten auf dem fruchtbarsten Boden die Grundlage für den Preis der landwirtschaftlichen Produkte sein. Die Produzenten auf dem schlechtesten Boden können ihre Produkte zu einem höheren Preis verkaufen, der auf den Produktionskosten auf fruchtbareren Böden basiert. Dadurch entsteht eine Differentialrente, da die Produzenten auf dem schlechtesten Boden einen Teil des Mehrwerts erhalten, der auf den fruchtbareren Böden erzeugt wird.

Diese Differentialrente auf dem schlechtesten Boden ist jedoch minimal, da die Produktionskosten auf diesem Boden sehr hoch sind und die Erträge gering sind. Die Landbesitzer auf dem schlechtesten Boden erhalten nur einen kleinen Teil des Mehrwerts, der in der Landwirtschaft insgesamt produziert wird.

Marx betont, dass die Differentialrente auf dem schlechtesten Boden nicht auf die Fruchtbarkeit des Bodens zurückzuführen ist, sondern auf das Verhältnis der Produktionskosten auf verschiedenen Böden. Es ist das Resultat des Wettbewerbs zwischen den Landbesitzern, die versuchen, ihren Anteil am Mehrwert zu sichern.

Dieses Kapitel zeigt, dass selbst auf dem schlechtesten bebauten Boden eine Differentialrente entstehen kann, wenn die Produktionskosten auf fruchtbareren Böden die Grundlage für die Preise der landwirtschaftlichen Produkte bilden. Es verdeutlicht, wie die Verteilung des Mehrwerts in der Landwirtschaft von der Qualität der Böden und den Produktionskosten abhängt. Es unterstreicht die Bedeutung des Wettbewerbs und der Konkurrenz zwischen den Landbesitzern bei der Entstehung der Differentialrente.

Die absolute Grundrente

Das Kapitel "Die absolute Grundrente" ist ein Teil des Buches "Das Kapital" von Karl Marx. In diesem Kapitel beschäftigt sich Marx mit der Grundrente, die aufgrund des Eigentums an landwirtschaftlichen Flächen gezahlt wird. Die Grundrente ist eine Form der Einkommensverteilung, bei der die Eigentümer von Boden oder Grundstücken eine regelmäßige Zahlung für die Nutzung ihres Landes erhalten.

Marx unterscheidet zwischen zwei Formen der Grundrente: der absoluten Grundrente und der Differentialrente. In diesem Kapitel liegt der Fokus auf der absoluten Grundrente, die auf landwirtschaftlichen Flächen ohne Differenzierung nach ihrer Fruchtbarkeit gezahlt wird.

Marx argumentiert, dass die absolute Grundrente auf dem Prinzip beruht, dass die Eigentümer von Land einen Teil des Mehrwerts beanspruchen können, der durch die landwirtschaftliche Produktion generiert wird. Dieser Mehrwert entsteht aus der Differenz zwischen dem Wert der produzierten landwirtschaftlichen Güter und den Produktionskosten, zu denen auch der Lohn für die Arbeiter gehört.

Die Eigentümer von Land erhalten eine regelmäßige Zahlung, unabhängig von den tatsächlichen Erträgen des Landes. Marx erklärt, dass dies auf dem Monopol der Eigentümer beruht, die die Kontrolle über den Zugang zu landwirtschaftlichen Flächen haben. Da Land ein begrenztes Gut ist und nicht vermehrt werden kann, können die Eigentümer die Preise für die Nutzung ihres Landes bestimmen und so eine absolute Grundrente erheben.

Marx betont, dass die absolute Grundrente ein Ausdruck der Ausbeutung der Arbeiterklasse ist, da die Eigentümer von Land einen Teil des Mehrwerts erhalten, der von den Arbeitern erzeugt wird. Die Arbeiter erhalten nur einen Teil ihres produzierten Werts als Lohn, während der Rest als Mehrwert an die Eigentümer fließt.

Es ist wichtig zu beachten, dass die absolute Grundrente unabhängig von der Produktivität des Bodens ist. Sie wird gezahlt, unabhängig davon, ob das Land fruchtbar oder unfruchtbar ist. Dies unterscheidet sie von der Differentialrente, bei der die Höhe der Rente von der Fruchtbarkeit des Bodens abhängt.

Marx betrachtet die absolute Grundrente kritisch, da sie eine Form der Einkommensverteilung ist, die auf dem Eigentum an Land beruht. Er argumentiert, dass die Abschaffung des privaten Landbesitzes eine Voraussetzung für die Beseitigung der Grundrente und eine gerechtere Verteilung des Mehrwerts wäre.

Insgesamt verdeutlicht das Kapitel "Die absolute Grundrente" in "Das Kapital" von Karl Marx die Rolle des Landbesitzes bei der Entstehung und Verteilung der Grundrente. Es zeigt auf, wie die Eigentümer von Land von der landwirtschaftlichen Produktion profitieren und einen Teil des Mehrwerts einfordern, der von den Arbeitern erzeugt wird. Gleichzeitig kritisiert Marx die absolute Grundrente als eine Form der Ausbeutung und plädiert für eine Umverteilung des Landbesitzes als möglichen Weg zu einer gerechteren Verteilung des Mehrwerts.

Baustellenrente. Bergwerksrente. Bodenpreis
Das Kapitel "Baustellenrente. Bergwerksrente. Bodenpreis" ist Teil des Buches "Das Kapital" von Karl Marx. In diesem Kapitel setzt sich Marx mit der Rente auseinander, die auf bestimmten Standorten oder in bestimmten Branchen erhoben wird, nämlich der Baustellenrente, der Bergwerksrente und dem Bodenpreis.

Marx beginnt mit der Baustellenrente, die sich auf die Erhebung einer zusätzlichen Miete aufgrund der günstigen Lage einer Baustelle bezieht. Wenn eine Baustelle beispielsweise in der Nähe von wirtschaftlichen Zentren, Verkehrsinfrastrukturen oder anderen wichtigen Einrichtungen liegt, steigt ihre Attraktivität für potenzielle Nutzer. Die Eigentümer der Baustellen können daher höhere Mieten verlangen, da die Standortvorteile einen zusätzlichen Wert schaffen.

Die Bergwerksrente bezieht sich auf die zusätzliche Miete, die aufgrund der besonderen Eigenschaften von Bergwerken erhoben wird. Marx erklärt, dass Bergwerke aufgrund ihres natürlichen Vorkommens an Bodenschätzen einen spezifischen Mehrwert besitzen. Die Eigentümer von Bergwerken können aufgrund dieser natürlichen Ressourcen höhere Preise für die Nutzung des Bodens oder für den Zugang zu den Bodenschätzen verlangen. Diese zusätzliche Miete wird als Bergwerksrente bezeichnet.

Der Bodenpreis ist eine weitere Form der Rente, die sich auf den Wert des Bodens selbst bezieht. Marx argumentiert, dass der Boden einen inhärenten Wert besitzt, der unabhängig von den darauf befindlichen Gebäuden oder Nutzungen besteht. Der Bodenpreis wird durch Angebot und Nachfrage bestimmt, wobei begehrte Lagen oder fruchtbarer Boden höhere Preise erzielen können.

Marx analysiert diese Formen der Rente kritisch. Er argumentiert, dass sie Ausdruck der Monopolstellung der Eigentümer von Baustellen, Bergwerken und Land sind. Durch das Eigentum an diesen Standorten oder Ressourcen können sie einen Teil des Mehrwerts beanspruchen, der von anderen Akteuren erzeugt wird, die diese Standorte oder Ressourcen nutzen möchten. Marx betrachtet dies als eine Form der Ausbeutung und als einen Mechanismus, der zur ungleichen Verteilung des Reichtums beiträgt.

Darüber hinaus weist Marx darauf hin, dass diese Formen der Rente nicht durch individuelle Anstrengungen oder Investitionen entstehen, sondern durch das natürliche Vorkommen von Standorten oder Ressourcen. Daher betrachtet er sie als unberechtigte Einnahmen, die aufgrund des Eigentums an gemeinschaftlichen Ressourcen generiert werden.

Insgesamt verdeutlicht das Kapitel "Baustellenrente. Bergwerksrente. Bodenpreis" in "Das Kapital" von Karl Marx die Rolle der Standorte und Ressourcen bei der Entstehung von Rente.

Es zeigt auf, wie Eigentümer von Baustellen, Bergwerken und Land von der Nutzung und dem Wert dieser Standorte und Ressourcen profitieren. Gleichzeitig kritisiert Marx diese Formen der Rente als eine Form der Ausbeutung und plädiert für eine gerechtere Verteilung des Reichtums, indem er das gemeinschaftliche Eigentum an natürlichen Ressourcen betont.

Genesis der kapitalistischen Grundrente
Das Kapitel "Genesis der kapitalistischen Grundrente" ist Teil des Buches "Das Kapital" von Karl Marx. In diesem Kapitel untersucht Marx die Entstehung und Entwicklung der kapitalistischen Grundrente und legt dar, wie sie sich aus den grundlegenden Prozessen des kapitalistischen Produktionsmodus ergibt.

Marx erklärt, dass die kapitalistische Grundrente auf dem Eigentum an Land und den damit verbundenen rechtlichen Strukturen basiert. Im kapitalistischen System wird Land als private Eigenschaft betrachtet und kann daher vermietet oder verkauft werden. Durch das Eigentum an Land erlangen die Eigentümer das Recht, Miete von denen zu verlangen, die das Land nutzen möchten.

Marx beschreibt den Prozess, wie das Land in privaten Besitz überführt wurde und wie diese Eigentumsverhältnisse zur Entstehung der Grundrente führten. Durch die Privatisierung von Land wurden die Eigentümer zu Rentiers, die von der Mieteinkommen profitierten, die sie von denjenigen erhielten, die das Land nutzen wollten. Dieses Einkommen, das aus dem Boden erwirtschaftet wurde, unabhängig von den individuellen Anstrengungen der Eigentümer, bezeichnet Marx als Grundrente.

Marx unterscheidet dabei zwischen der absoluten Grundrente, die auf dem Preisunterschied des Produkts basiert, das auf ertragreichen Böden im Vergleich zu schlechteren Böden angebaut wird, und der differentiellen Grundrente, die sich aus den unterschiedlichen Produktionsbedingungen und -kosten auf verschiedenen Bodenqualitäten ergibt. Er argumentiert, dass die Grundrente einen Teil des Mehrwerts darstellt, der von den

Arbeitern produziert wird, aber an die Landbesitzer fließt, die durch das Eigentum an Land privilegiert sind.

Marx betont, dass die kapitalistische Grundrente eine besondere Form der Ausbeutung darstellt, da sie auf dem Eigentum an gemeinschaftlichen Ressourcen beruht. Er argumentiert, dass die Grundrente die Kluft zwischen Landbesitzern und Arbeitern weiter vergrößert und zu sozialen Ungleichheiten führt.

Darüber hinaus analysiert Marx die historische Entwicklung der Grundrente und ihre Veränderungen im Laufe der Zeit. Er untersucht die Auswirkungen des technologischen Fortschritts und der verbesserten Anbaumethoden auf die Bodenproduktivität sowie die Wechselwirkungen zwischen Grundrente und Profitrate.

Insgesamt verdeutlicht das Kapitel "Genesis der kapitalistischen Grundrente" in "Das Kapital" von Karl Marx die Entstehung und Entwicklung der Grundrente im kapitalistischen System. Es zeigt auf, wie das Eigentum an Land und die Privatisierung von gemeinschaftlichen Ressourcen zur Bildung einer Rentenklasse führen und zu sozialen Ungleichheiten beitragen. Marx kritisiert diese Form der Ausbeutung und plädiert für eine gerechtere Verteilung des Mehrwerts.

Die trinitarische Formel
Das Kapitel "Die trinitarische Formel" ist ein Abschnitt im Werk "Das Kapital" von Karl Marx. In diesem Kapitel untersucht Marx die ökonomische Struktur des kapitalistischen Systems und analysiert die Verteilung des gesellschaftlichen Reichtums zwischen den drei Hauptklassen: Kapitalisten, Arbeiter und Grundbesitzer. Marx bezieht sich dabei auf die trinitarische Formel, die die Beziehung zwischen Kapital, Arbeit und Grundbesitz beschreibt.

Marx erklärt, dass die kapitalistische Produktionsweise auf dem Vorhandensein von Kapital, das von den Kapitalisten kontrolliert wird, Arbeitskraft, die von den Arbeitern verkauft wird, und Land, das von den Grundbesitzern besessen wird, beruht. Diese drei

Komponenten bilden die Grundlage für die Produktion und Verteilung von Waren und gesellschaftlichem Reichtum.

Im Kapitalismus fungiert das Kapital als die treibende Kraft hinter der Produktion. Die Kapitalisten investieren Kapital in Produktionsmittel, um Waren herzustellen und Gewinne zu erzielen. Die Arbeiter, die über keine eigenen Produktionsmittel verfügen, bieten ihre Arbeitskraft gegen Lohn an und werden von den Kapitalisten beschäftigt. Die Arbeiter produzieren den gesamten gesellschaftlichen Reichtum durch ihre Arbeit, erhalten jedoch nur einen Teil des Wertes als Lohn.

Marx argumentiert, dass die Ausbeutung im kapitalistischen System durch den Mehrwertmechanismus stattfindet. Der Mehrwert entsteht, wenn die Arbeitskraft der Arbeiter einen höheren Wert schafft als der Wert ihres Lohns. Dieser Mehrwert wird vom Kapitalisten als Profit eingestrichen und stellt die Quelle des Reichtums der Kapitalistenklasse dar.

Darüber hinaus betont Marx die Rolle des Grundbesitzes in der kapitalistischen Produktionsweise. Die Grundbesitzer erhalten eine Grundrente, die aus dem Eigentum an Land resultiert. Da das Land eine begrenzte Ressource ist, können die Grundbesitzer Mieten von denen verlangen, die das Land nutzen möchten, sei es für landwirtschaftliche Produktion, Wohnraum oder andere Zwecke. Die Grundrente trägt zur Akkumulation von Reichtum bei den Grundbesitzern bei.

Marx kritisiert die trinitarische Formel des Kapitalismus, da sie eine ungleiche Verteilung des gesellschaftlichen Reichtums begünstigt. Die Kapitalistenklasse, die das Kapital kontrolliert, profitiert von der Ausbeutung der Arbeitskraft der Arbeiter und strebt nach stetiger Kapitalakkumulation. Die Grundbesitzerklasse erhält ihre Einkommen durch das Eigentum an Land, das auf historischen und rechtlichen Faktoren beruht und nicht auf individueller Arbeit.

Insgesamt verdeutlicht das Kapitel "Die trinitarische Formel" in "Das Kapital" von Karl Marx die strukturellen Beziehungen zwischen Kapital, Arbeit und Grundbesitz im kapitalistischen System. Marx kritisiert die Ungleichheiten und Ausbeutung, die aus dieser Verteilungsstruktur resultieren, und argumentiert für eine gerechtere Verteilung des gesellschaftlichen Reichtums und die Überwindung des kapitalistischen Systems.

Zur Analyse des Produktionsprozesses

Das Kapitel "Zur Analyse des Produktionsprozesses" ist ein zentrales Kapitel im Werk "Das Kapital" von Karl Marx. In diesem Kapitel führt Marx eine detaillierte Untersuchung des Produktionsprozesses im Kapitalismus durch und analysiert die grundlegenden Bestandteile und Dynamiken dieses Prozesses.

Marx betont, dass die kapitalistische Produktion eine spezifische Form der Produktion ist, bei der das Kapital als treibende Kraft fungiert. Der Produktionsprozess im Kapitalismus basiert auf dem Einsatz von Produktionsmitteln, die von den Kapitalisten kontrolliert werden, und der Ausbeutung der Arbeitskraft der Arbeiter. Marx beschreibt diesen Prozess als den Prozess der Kapitalverwertung, bei dem das Kapital in Waren investiert wird, um einen Mehrwert zu schaffen.

Der Produktionsprozess umfasst mehrere Stufen, die Marx als "Arbeitsprozess" und "Wertbildungsprozess" bezeichnet. Im Arbeitsprozess nutzen die Arbeiter die Produktionsmittel, um Waren herzustellen. Durch ihre lebendige Arbeit fügen sie dem Produkt einen neuen Wert hinzu. Dieser Wert ist der Mehrwert, der über den Wert der Arbeitskraft der Arbeiter hinausgeht und die Quelle des Profits ist.

Im Wertbildungsprozess wird der geschaffene Wert in Form von Waren realisiert und auf dem Markt verkauft. Die Kapitalisten streben danach, den Mehrwert zu realisieren und in Form von Geld zu verwandeln. Dieser Prozess des Verkaufs und der Realisierung des Mehrwerts ermöglicht den Kapitalisten, ihren Profit zu erzielen und ihr Kapital zu akkumulieren.

Marx betont, dass der Produktionsprozess im Kapitalismus von bestimmten Widersprüchen und Konflikten geprägt ist. Einerseits streben die Kapitalisten nach maximaler Profitsteigerung und Kapitalakkumulation, was zur Ausbeutung der Arbeiterklasse führt. Andererseits sind die Arbeiterklasse und die Kapitalistenklasse in einem antagonistischen Verhältnis zueinander, da die Arbeiterklasse versucht, ihre Arbeitsbedingungen und Löhne zu verbessern.

Darüber hinaus diskutiert Marx auch die Rolle der Produktionsmittel im Produktionsprozess. Er betont, dass die Produktionsmittel in Form von Maschinen, Rohstoffen und Infrastruktur eine wichtige Rolle spielen und dass ihr Einsatz dazu beiträgt, die Produktivität der Arbeit zu steigern. Gleichzeitig hebt er hervor, dass die Eigentumsverhältnisse an den Produktionsmitteln eine zentrale Rolle in der kapitalistischen Gesellschaft spielen und zur Macht und Kontrolle der Kapitalistenklasse beitragen.

Das Kapitel "Zur Analyse des Produktionsprozesses" in "Das Kapital" bietet einen umfassenden Einblick in den Produktionsprozess im Kapitalismus und legt die grundlegenden Dynamiken und Widersprüche offen, die in diesem System wirken. Marx kritisiert die Ausbeutung der Arbeiterklasse und die Konzentration von Macht und Reichtum bei den Kapitalisten. Er argumentiert für eine Transformation der Produktionsverhältnisse, die auf einer gerechteren Verteilung des gesellschaftlichen Reichtums und einer Befreiung der Arbeiterklasse beruht.

Der Schein der Konkurrenz

Das Kapitel "Der Schein der Konkurrenz" aus dem Buch "Das Kapital" von Karl Marx befasst sich mit der Rolle der Konkurrenz im kapitalistischen System und wie diese Konkurrenzbeziehungen den Schein erzeugen, dass der Markt fair und gleichberechtigt ist. Marx enthüllt jedoch, dass diese Konkurrenz nur oberflächlich ist und tatsächlich von einer ungleichen Verteilung von Kapital und Macht geprägt wird.

Marx argumentiert, dass die Konkurrenz im Kapitalismus als treibende Kraft dargestellt wird, die angeblich für Effizienz, Innovation und Fortschritt sorgt. Er stellt jedoch fest, dass diese Konkurrenzverhältnisse in Wirklichkeit durch die kapitalistischen Produktionsverhältnisse determiniert werden, in denen einige Kapitalisten über mehr Kapital verfügen und somit in einer privilegierten Position sind. Dadurch können sie ihre Konkurrenten auf dem Markt dominieren und ihre Macht und Profite weiter ausbauen.

Marx beschreibt, wie diese ungleiche Verteilung von Kapital und Macht dazu führt, dass kleinere Unternehmen von größeren und mächtigeren Unternehmen verdrängt werden. Die Konkurrenz führt zur Zentralisierung von Kapital und zur Bildung von Monopolen und Kartellen. Dadurch wird der freie Markt, der in der Theorie als fair und offen dargestellt wird, in Wirklichkeit von wenigen Kapitalisten kontrolliert.

Darüber hinaus betont Marx, dass die Konkurrenz auch Auswirkungen auf die Arbeitsbedingungen und Löhne der Arbeiter hat. Durch den intensiven Wettbewerb sind die Kapitalisten gezwungen, die Kosten zu senken, um ihre Gewinne zu maximieren. Dies führt oft zu Lohnkürzungen, längeren Arbeitszeiten und schlechten Arbeitsbedingungen für die Arbeiter. Marx weist darauf hin, dass die Arbeiterklasse in diesem System der Konkurrenz keine wirkliche Wahl hat und gezwungen ist, ihre Arbeitskraft zu verkaufen, um zu überleben.

Marx argumentiert, dass die Konkurrenz im Kapitalismus ein Schein ist, der die tatsächlichen Machtverhältnisse und die Ausbeutung der Arbeiterklasse verschleiert. Er weist darauf hin, dass der Wettbewerb in einer kapitalistischen Gesellschaft nicht zu Gerechtigkeit und Wohlstand für alle führt, sondern im Gegenteil die Ungleichheit und Ausbeutung verstärkt.

Das Kapitel "Der Schein der Konkurrenz" in "Das Kapital" bietet eine kritische Analyse der Rolle der Konkurrenz im kapitalistischen

System. Marx zeigt auf, dass die Konkurrenzverhältnisse von der ungleichen Verteilung von Kapital und Macht geprägt sind und dass die Vorstellung eines fairen und gerechten Marktes eine Illusion ist. Dieses Kapitel trägt dazu bei, das Verständnis für die grundlegenden Mechanismen des Kapitalismus zu vertiefen und die Widersprüche und Ungerechtigkeiten dieses Systems aufzudecken.

Distributionsverhältnisse und Produktionsverhältnisse

Das Kapitel "Distributionsverhältnisse und Produktionsverhältnisse" aus dem Buch "Das Kapital" von Karl Marx beschäftigt sich mit der Analyse der Verteilung des gesellschaftlichen Reichtums innerhalb des kapitalistischen Systems. Marx argumentiert, dass die Verteilung der gesellschaftlichen Produktionsmittel und des Mehrwerts nicht auf natürlichen oder gerechten Prinzipien beruht, sondern auf den zugrunde liegenden Produktionsverhältnissen.

Marx beginnt damit, die Unterscheidung zwischen Produktionsverhältnissen und Distributionsverhältnissen zu erklären. Produktionsverhältnisse beziehen sich auf die Art und Weise, wie die Produktion organisiert ist, wie das Kapital und die Arbeitskraft kombiniert werden und wie der Mehrwert geschaffen wird. Distributionsverhältnisse hingegen beziehen sich auf die Art und Weise, wie der produzierte Reichtum in der Gesellschaft verteilt wird, einschließlich des Einkommens der Kapitalisten, der Löhne der Arbeiter und der Renten der Grundbesitzer.

Marx argumentiert, dass die Distributionsverhältnisse von den Produktionsverhältnissen abhängig sind. In einer kapitalistischen Produktionsweise wird der Mehrwert, der durch die Ausbeutung der Arbeitskraft geschaffen wird, größtenteils den Kapitalisten als Gewinn zugeschrieben. Die Arbeiter erhalten hingegen nur einen Teil des geschaffenen Wertes als Lohn. Diese ungleiche Verteilung des Mehrwerts ist das Ergebnis der Eigentumsverhältnisse und der Machtverhältnisse in der kapitalistischen Gesellschaft.

Marx stellt fest, dass die Verteilung des Mehrwerts nicht durch persönliche Verhandlungen oder individuelle Entscheidungen bestimmt wird, sondern durch die Strukturen des Kapitalismus selbst. Die Kapitalistenklasse, die das Eigentum an den Produktionsmitteln kontrolliert, hat die Macht, die Verteilung des Reichtums zu bestimmen. Dies führt zu einer ungleichen Verteilung des gesellschaftlichen Reichtums, bei der die Kapitalisten einen Großteil des Mehrwerts für sich beanspruchen.

Marx betont, dass die kapitalistischen Produktionsverhältnisse nicht nur die Verteilung des Reichtums beeinflussen, sondern auch die sozialen Beziehungen und die Machtverhältnisse in der Gesellschaft prägen. Die kapitalistische Produktionsweise führt zu einer Klassenteilung zwischen Kapitalisten und Arbeitern, wobei die Kapitalistenklasse die Kontrolle über die Produktionsmittel und die wirtschaftlichen Ressourcen hat.

Das Kapitel "Distributionsverhältnisse und Produktionsverhältnisse" in "Das Kapital" trägt dazu bei, das Verständnis für die grundlegenden Mechanismen des Kapitalismus zu vertiefen. Marx zeigt auf, dass die ungleiche Verteilung des gesellschaftlichen Reichtums auf den zugrunde liegenden Produktionsverhältnissen beruht und dass eine gerechtere Verteilung nur durch eine grundlegende Veränderung dieser Verhältnisse erreicht werden kann. Es betont die Rolle der Eigentumsverhältnisse und der Klassenmacht bei der Gestaltung der Verteilung des Reichtums in der kapitalistischen Gesellschaft.

Die Klassen

Das Kapitel "Die Klassen" aus dem Buch "Das Kapital" von Karl Marx analysiert die Klassenstruktur innerhalb des kapitalistischen Systems. Marx argumentiert, dass die kapitalistische Gesellschaft in zwei grundlegende Klassen unterteilt ist: die Bourgeoisie (Kapitalisten) und das Proletariat (Arbeiter).

Marx beginnt mit einer Untersuchung der Bourgeoisie, der kapitalistischen Klasse, die das Eigentum an den Produktionsmitteln besitzt. Die Bourgeoisie hat die Kontrolle über die Produktionsprozesse und profitiert von der Ausbeutung der

Arbeitskraft. Marx betont, dass die Bourgeoisie nicht nur eine wirtschaftliche Klasse ist, sondern auch politischen Einfluss und gesellschaftliche Macht ausübt, um ihre Interessen zu wahren.

Das Proletariat hingegen besteht aus den Arbeitern, die keine eigenen Produktionsmittel besitzen und gezwungen sind, ihre Arbeitskraft an die Bourgeoisie zu verkaufen. Marx argumentiert, dass das Proletariat aufgrund seiner Stellung in den Produktionsverhältnissen zur Ausbeutung durch die Bourgeoisie verurteilt ist. Die Arbeiterklasse bildet die Mehrheit der Gesellschaft, jedoch sind ihre Lebensbedingungen oft von Unsicherheit, Ausbeutung und Armut geprägt.

Marx erläutert weiterhin, dass die Klassenzugehörigkeit nicht nur durch das Eigentum an den Produktionsmitteln bestimmt wird, sondern auch durch die Position im Produktionsprozess und die damit verbundenen sozialen Beziehungen. Er betont die Klassenkämpfe, die zwischen der Bourgeoisie und dem Proletariat entstehen, da ihre Interessen gegensätzlich sind. Die Bourgeoisie strebt nach Profitmaximierung und Ausbeutung der Arbeitskraft, während das Proletariat für bessere Arbeitsbedingungen und eine gerechtere Verteilung des gesellschaftlichen Reichtums kämpft.

Marx weist darauf hin, dass die Klassenstruktur des Kapitalismus nicht statisch ist und sich im Laufe der Geschichte verändert hat. Er diskutiert die Entstehung des industriellen Kapitalismus und den Niedergang feudaler Strukturen, die zu einer Konzentration des Kapitals in den Händen weniger Bourgeoisie geführt hat. Gleichzeitig hat die Industrialisierung die Arbeiterklasse in größerer Zahl hervorgebracht und ihre Stellung in der Gesellschaft gestärkt.

Das Kapitel "Die Klassen" in "Das Kapital" verdeutlicht die zentrale Bedeutung der Klassenkämpfe und der Klassenstruktur in der kapitalistischen Gesellschaft. Marx legt dar, wie die kapitalistische Produktionsweise zur Entstehung einer gespaltenen Gesellschaft mit unterschiedlichen Interessen und Machtverhältnissen führt. Die Analyse der Klassenbeziehungen hilft, die Mechanismen des

Kapitalismus zu verstehen und den Weg zur Überwindung der Klassengegensätze aufzuzeigen.

ENDE